本书受重庆大学"新闻传播学一级学科水平提升计划项目"（0232005403001）资助

社会临场感理论视角下的乡村人际交往研究

金恒江 著

中国社会科学出版社

图书在版编目(CIP)数据

社会临场感理论视角下的乡村人际交往研究/金恒江著.—北京：中国社会科学出版社，2021.10
ISBN 978-7-5203-8900-6

Ⅰ.①社… Ⅱ.①金… Ⅲ.①农村—人际关系—研究 Ⅳ.①C912.11

中国版本图书馆 CIP 数据核字(2021)第 162798 号

出 版 人	赵剑英
责任编辑	陈肖静
责任校对	刘 娟
责任印制	戴 宽

出　版	中国社会科学出版社
社　　址	北京鼓楼西大街甲 158 号
邮　　编	100720
网　　址	http://www.csspw.cn
发 行 部	010-84083685
门 市 部	010-84029450
经　　销	新华书店及其他书店
印　　刷	北京明恒达印务有限公司
装　　订	廊坊市广阳区广增装订厂
版　　次	2021 年 10 月第 1 版
印　　次	2021 年 10 月第 1 次印刷
开　　本	710×1000　1/16
印　　张	15.25
插　　页	2
字　　数	178 千字
定　　价	88.00 元

凡购买中国社会科学出版社图书，如有质量问题请与本社营销中心联系调换
电话：010-84083683
版权所有　侵权必究

目　录

序 …………………………………………………………（1）

绪论　新媒体与乡村社会 ………………………………（1）

  第一节　研究动机与目的 ………………………………（1）

    一　新媒体已经深嵌入乡村社会之中 ………………（2）

    二　新媒体使用的社会心理学视角应成为重要的
       人际交往解释路径 ………………………………（5）

  第二节　理论与现实价值 ………………………………（6）

    一　理论价值 …………………………………………（6）

    二　现实意义 …………………………………………（8）

  第三节　理论基础及概念界定 …………………………（9）

    一　理论基础之一：社会临场感理论 ………………（9）

    二　理论基础之二：关系传播理论 …………………（13）

    三　概念界定：人际交往 ……………………………（15）

  第四节　问题框架、研究对象与方法论 ………………（16）

    一　问题框架 …………………………………………（16）

二　研究对象 …………………………………………（18）
　　三　研究方法 …………………………………………（21）

第一章　新媒体、社会临场感与人际交往 ………………（27）
　第一节　乡村人际传播与人际交往研究 ………………（30）
　　一　乡村人际传播的特征与形式 ………………………（30）
　　二　人际传播对乡村社会发展的影响 …………………（31）
　　三　乡村人际交往研究 …………………………………（32）
　第二节　新媒体技术与人际交往研究 …………………（34）
　　一　新媒体与人际关系（互动）研究 …………………（34）
　　二　新媒体对社会资本的影响 …………………………（40）
　　三　乡村居民的新媒体采纳及影响 ……………………（45）
　　四　新媒体与乡村人际交往研究 ………………………（48）
　第三节　社会临场感对媒介使用与人际交往的影响 ……（51）
　　一　社会临场感对媒介使用的影响 ……………………（51）
　　二　社会临场感对人际交往的影响 ……………………（53）

第二章　变量设置与测量 …………………………………（56）
　第一节　新媒体使用测量 ………………………………（56）
　　一　乡村居民的社交网络使用模式 ……………………（56）
　　二　乡村居民的网络交往动机 …………………………（58）
　　三　乡村居民的网络人际交往投入 ……………………（60）
　第二节　新媒体使用的心理因素测量 …………………（61）
　　一　社会临场感 …………………………………………（61）
　　二　情绪响应 ……………………………………………（62）

第三节　乡村居民人际交往测量 …………………… （64）
　　一　乡村居民的网络人际互动效果 ……………… （64）
　　二　乡村居民的网络人际关系质量 ……………… （67）
　　三　乡村居民的社会资本 ………………………… （70）
第四节　乡村居民基本信息测量 …………………… （73）
　　一　人格特质 ……………………………………… （73）
　　二　人口学因素 …………………………………… （74）

第三章　社会临场感与乡村居民网络人际互动
　　　　效果的关系 ……………………………………… （75）
第一节　研究问题和研究假设 ……………………… （75）
　　一　研究问题 ……………………………………… （76）
　　二　研究假设 ……………………………………… （77）
　　三　研究框架 ……………………………………… （79）
第二节　社会临场感对乡村居民网络人际互动
　　　　效果的影响 …………………………………… （79）
　　一　主要研究变量的相关关系 …………………… （79）
　　二　社会临场感对乡村居民网络人际互动
　　　　（质量、强度）的影响 ………………………… （81）
　　三　愉悦度和激活度的中介效应检验 …………… （87）
第三节　本章小结 …………………………………… （89）

第四章　社会临场感对乡村居民网络人际关系
　　　　质量的影响 ……………………………………… （90）
第一节　研究问题与研究框架 ……………………… （90）

一　研究问题 ……………………………………………（90）

　　二　研究框架 ……………………………………………（90）

第二节　社会临场感对乡村居民网络人际关系

　　　　效果的影响 ……………………………………………（91）

　　一　各变量的相关关系 …………………………………（91）

　　二　网络人际关系维系的影响因素 ……………………（91）

　　三　网络人际关系亲密性的影响因素 …………………（94）

　　四　网络人际信任的影响因素 …………………………（96）

第三节　本章小结 ……………………………………………（98）

第五章　社会临场感与乡村居民社会资本的关系 …………（99）

第一节　研究问题与研究框架 ………………………………（99）

　　一　研究问题 ……………………………………………（99）

　　二　研究框架 ……………………………………………（99）

第二节　社会临场感对乡村居民社会资本的影响 ………（100）

　　一　主要研究变量的相关关系 …………………………（100）

　　二　社会临场感对乡村网络社会资本的影响 …………（103）

　　三　社会临场感对乡村现实社会资本的影响 …………（105）

第三节　本章小结 …………………………………………（108）

第六章　不同乡村主体的社会临场感与人际交往 …………（109）

第一节　男性和女性乡村居民的社会临场感与

　　　　人际交往 ……………………………………………（109）

　　一　社会临场感对两性乡村居民网络人际互动

　　　　效果的影响 …………………………………………（110）

二　社会临场感对两性乡村居民网络人际关系
　　质量的影响 …………………………………… (112)
三　社会临场感对两性乡村居民社会资本
　　效果的影响 …………………………………… (114)

第二节　乡村青年的社会临场感与人际交往 ………… (116)
一　社会临场感对乡村青年网络人际互动
　　效果的影响 …………………………………… (116)
二　社会临场感对乡村青年网络人际关系
　　质量的影响 …………………………………… (118)
三　社会临场感对乡村青年社会资本的影响 ……… (120)

第三节　少数民族乡村居民的社会临场感与
　　　　人际交往 ……………………………………… (124)
一　社会临场感对少数民族乡村居民网络人际互动
　　效果的影响 …………………………………… (124)
二　社会临场感对少数民族乡村居民网络人际关系
　　质量的影响 …………………………………… (127)
三　社会临场感对少数民族乡村居民社会
　　资本的影响 …………………………………… (129)

第四节　东部、中部和西部乡村居民的社会临场感与
　　　　人际交往 ……………………………………… (131)
一　社会临场感对不同地域乡村居民网络人际互动
　　效果的影响 …………………………………… (131)
二　社会临场感对不同地域乡村居民网络人际关系
　　质量的影响 …………………………………… (134)
三　社会临场感对不同地域乡村居民社会资本的影响 …… (137)

第五节　本章小结 …………………………………… (139)

第七章　微观视角：社会临场感与乡村人际交往 ………… (141)

第一节　在身边的替代性补偿：社会临场感对乡村人际交往的影响 …………………………… (141)

　　一　社会临场感的失调：亲子关系与邻里关系的现实互动"补偿" …………………………… (141)

　　二　社会临场感的"诱惑"：亲密关系与友谊关系的调适 …………………………………… (145)

第二节　"共聚一堂"与情感表达：地理分离、社会临场感与乡村人际交往 ……………………… (149)

　　一　家人共聚一堂的情景 …………………………… (149)

　　二　亲子关系质量的影响 …………………………… (151)

　　三　新孝道实践：借由网络发动的亲子互动 ……… (155)

　　四　地缘发动的乡情：网络群组中的乡土联结 …… (158)

第三节　不信任与信任：社会临场感对陌生关系的"不确定性" ……………………………… (160)

　　一　父辈对陌生关系的警惕 ………………………… (160)

　　二　子代发动的网络人际参与与关系暴力 ………… (161)

第四节　关系资本与互惠规范：社会临场感对乡村社会资本的建构 ………………………… (163)

　　一　同乡间的互助效应：网络社会临场感发动的公众参与 ……………………………… (163)

　　二　跨地域的网络社会资本 ………………………… (165)

第五节　本章小结 …………………………………… (166)

第八章 社会临场感视角下乡村人际交往的发展与启示 …… (168)

第一节 社会临场感对乡村居民人际互动效果的促进 …… (168)

 一 思考与讨论 …… (169)

 二 结论的创新性 …… (171)

第二节 社会临场感对乡村居民人际关系质量的提升 …… (172)

 一 思考与讨论 …… (172)

 二 结论的创新性 …… (174)

第三节 社会临场感对乡村居民社会资本的建构 …… (174)

 一 思考与讨论 …… (175)

 二 结论的创新性 …… (177)

第四节 研究启示：社会临场感与关系传播——社会心理学视角 …… (177)

 一 理论启示之一：新媒体使用的社会心理学解释路径 …… (177)

 二 理论启示之二：关系传播理论的发展 …… (179)

 三 理论启示之三：社会临场感理论的再审视 …… (180)

 四 实践启示 …… (180)

结语 …… (182)

参考文献 …… (186)

附录 …… (212)

后记 …… (223)

序

中国自改革开放以来,经济与社会发展的成就,世人有目共睹,但与此同时,不可否认,仍存在着贫富、东中西部、城乡之间差距过大等发展失衡的问题,亟待努力加以解决,时至今日,全国仍有大约6亿多人生活在农村地区,然而,与城市居民相比,他们受重视的程度是不够的。

即便只从我们这样一个新兴学科的角度看,这种感受也相当明显——围绕城市各种传播现象进行的研究,远远多于针对农村各种传播议题展开的研究,这里的悖论还在于,恰恰由于这一半人口在能力、设施等各种传播资源方面大都处于弱势,从而更需要得到关注和代言,因此,这是我对本书给予好评的第一个理由——将热诚的学术关怀投向了尚少有人问津的农村同胞。

无疑,数量影响质量,原本不多的农村研究,其广度、深度的提升空间很大。正如作者发现,考察新媒体与农民互动关系的文献还不多见,而探索新媒体对农村人际交往影响的视角就更付之阙如了,也就是说,以敏锐的学术感觉选定了一个独特而富有理论意义和实际价值的课题——这是本书第二个值得褒扬的亮点。

在确定"为什么做""做什么"之后,"怎么做"就成了致胜的关键,作者通过理论的跨学科借鉴、对象的跨地域获取、方法的多元化尝试,顺利地达成了研究目标——这是本书第三个可资参考的成功之处。

需要强调,这是一项说来轻巧而做来十分艰苦的工作。其一,对本书而言,哪些学科的哪些理论合适?必须花费大量心力,查找相关文献,展开缜密思考;其二,作者在全国范围内,苦干加巧干,选取了东中西部7个市县、35个乡镇的1162个调查样本,以及6个焦点访谈小组的51位农村居民,获得大量的一手资料,殊属不易;其三,本书不仅结合使用定量方法(实地调查)和定性方法(焦点小组访谈),而且,在社会临场感和关系传播的理论框架下,引入社会资本、人格特质、人际亲密性和人际信任度等关联概念,比较了地域、性别、年龄、世代等维度的异同,勾勒了亲子、邻里、婚恋、友伴、同乡等人际关系的风貌,最终,得以较为完整、细致、深入、全面地展现当代中国农村人际交往与媒介使用的生态及其规律。

也可以说,在作者的努力下,一幅描绘中国农村人际传播与社交媒体相互映照图景的生动画卷,跃然纸上。

正是由于具备以上优点,作为本书来源的博士学位论文,在答辩之际受到各位专家的充分肯定,而今又作为专著由中国社会科学出版社出版,着实令人欣喜。

序

"江山代有才人出"——我期待并相信,恒江博士在已有成果的基础上,必将精益求精、戒骄戒躁、更上层楼、大有可为。

张国良

上海交通大学特聘教授、博导

上海交通大学全球传播研究院院长

2020 年 12 月 6 日

于沪上明珠苑

绪论　新媒体与乡村社会

第一节　研究动机与目的

乡村互联网建设是乡村信息化建设与发展的重要基础，是乡村现代化建设和新农村建设的重要方面，对乡村经济社会发展意义重大而深远。① 截至 2015 年 12 月，中国农村网民的人数已经达到 1.95 亿人，年增长率为 9.5%。城镇网民数量是 4.93 亿人，城市网民增长率为 4.8%。农村网民在所有网民中占比 28.4%，比 2014 年提升 0.9 个百分点。从数据可以看出，农村互联网的普及率正在逐步扩大。正是由于这种不断发展的趋势，新媒体对农村的嵌入式影响越来越深。考虑到这背后潜藏的商业机会和学术价值，业界和学界都相继进行了许多的讨论。诸如业界对用"互联网改变农村""淘宝村建设"等议题的探讨，讨论互联网给

---

① 李伟：《破解农村互联网发展主要制约的路径与对策研究》，《农村经济与科技》2014 年第 2 期。

农村经济以及电商企业带来的巨大价值和投资与发展机会。而学界则在"城乡数字鸿沟发展""互联网/社交媒体在农村地区传播扩散机制""农村互联网金融的发展策略"等议题上进行理论与应用问题的研究。不管是业界的商业投资,还是学界的理论对话,这些讨论都表明,互联网的嵌入,尤其社交媒体在农村地区的扩散与采纳,正在给中国农村地区的经济与文化建设带来了新的机遇,同时也深刻影响着农村的日常生活和交往方式。

一 新媒体已经深嵌入乡村社会之中

尤其作为中国社交软件代表的微信(WeChat),在短短的几年时间发展成为超过半数中国居民使用的社交软件,成为中国人最为主要的沟通与社交方式之一。[①] 正如其广告语"微信,是一种生活方式"所言,微信以惊人的速度完成了向用户私人生活领域的嵌入,被认为是中国互联网速度的典型代表。[②] 以往研究表明,社交网络可以有效地维系和建构人际关系,[③] 在巩

---

① Huang, H., Zhang, X., "The adoption and use of WeChat among middle-aged residents in urban china", *Chinese Journal of Communication*, 2016, pp. 1 – 23; Xie, C., Putrevu, J. S. H., & Linder, C., *Family, Friends, and Cultural Connectedness: A Comparison Between WeChat and Facebook User Motivation*, Experience and NPS Among Chinese People Living Overseas, International Conference on Cross-Cultural Design, Springer, Cham, 2017, pp. 369 – 382;中国互联网络信息中心(2017 年 1 月 22 日):《中国互联网络发展状况统计报告》,最后访问日期:2017 年 1 月 22 日,取自 http://www.woshipm.com/it/578938.html。

② Gan, C., Wang, W., "Uses and gratifications of social media: a comparison of microblog and WeChat", *Journal of Systems & Information Technology*, 2015, 17(4): 351 – 363; Lin, M., Zhu, Y., & Lu, M., "WeChat public platform design and application study on rural left-behind children", *China Educational Technology*, 2017, 8: 113 – 117.

③ 詹恂、严星:《微信使用对人际传播的影响研究》,《现代传播——中国传媒大学学报》2013 年第 12 期;胡春阳、周劲:《经由微信的人际传播研究》(一),《新闻大学》2016 年第 3 期。

固、强化强关系的同时，拓展弱关系链，提高用户的社会资本。①同时，社交网络也成为信息的获取和传播的平台，②用户能够通过社交网络中的公众号、自媒体和关系链获取信息，也能够通过朋友圈和自媒体发布信息。另外，一些社交网络，诸如微信、QQ等所具有的实时对话、发送文本、图片、表情、语音等功能，免去了以往手机通话和短信往来的费用问题，且强化了用户超越时间和空间的面对面交流感，游戏等功能也进一步满足了用户的娱乐需求。从这些方面来看，社交网络打破了以往单向发展的模式，整合了多种实用功能，成为新媒体中的典型代表。

正是因为对这些功能的需求和满足，社交网络得到了乡村居民的认可和接纳，成为乡村居民使用较多的新媒体，这也是我们关注乡村居民社交网络使用的基础所在。一方面，社交网络的确对乡村居民产生了一定的影响。孙信茹通过对普米族村民微信群的民族志考察发现，微信能够让村民在实现完全自我参与式文化"书写"的同时，也让村民实现关系间的紧密和多元互动。③另一方面，村民通过微信群进行舆论监督、邻里关系的维系，甚至开展媒介动员等活动，将"离散化"的村庄再次聚合，实现乡村秩序的再维系。④两方面的原因都表明，社交网络作为新媒体典型的代表，已经深深地嵌入乡村社会中，它影响着乡村居民的日常

---

① 朱炜、郑大庆、王文灿等：《基于社会资本视角的微信和微博的对比研究——以高校人群为例》，《情报杂志》2014年第6期；周懿瑾、魏佳纯：《"点赞"还是"评论"？社交媒体使用行为对个人社会资本的影响——基于微信朋友圈使用行为的探索性研究》，《新闻大学》2016年第1期。

② 谢静：《微信新闻：一个交往生成观的分析》，《新闻与传播研究》2016年第4期。

③ 孙信茹：《微信的"书写"与"勾连"——对一个普米族村民微信群的考察》，《新闻与传播研究》2016年第10期。

④ 牛耀红：《在场与互训：微信群与乡村秩序维系——基于一个西部农村的考察》，《新闻界》2017年第8期。

生活，改变着乡村的结构变化和发展。

但是，在中国这样一个城乡、阶层、代际高度异质性的国家，社交网络在不同地区、不同社会阶层以及城乡之间的实际使用情况和使用目的往往不尽相同。① 中国城市居民往往更加倾向于使用社交网络进行社会交往、职业拓展以及商业交流。② 而中国乡村居民则更倾向于使用社交网络进行强关系拓展和维护，但在具体的功能使用和使用频率上相比城市居民仍然较少。③ 尽管农村用户和城市用户在社交网络上存在一定差异，但是我们不可否认的是社交网络在中国的兴起却打破了城乡之间的隔阂，显著地加强了城乡之间的联系。社交媒介的出现不仅对于社会和国家进行了赋权，也对于普通用户完成了赋权，越来越多的人可以在通过社交媒体加强与社会之间的互动，赢取更大的社会资本。④ 社交网络的普及不仅增强了中国乡村与城市之间的联系，也改变了几千年来中国乡村居民的交往与生活方式，显著增进交往对象与使用者之间的人际关系，为使用者提供情感支持与社会支持；⑤ 促使乡村居民的交往方式从早期的首级群体社会关系的拓展和维护逐渐向泛社交转向；改变了长久以来中国乡村居民信息获取和分享的方式。⑥

---

① Huang, H., Zhang, X., "The adoption and use of WeChat among middle-aged residents in urban China", *Chinese Journal of Communication*, 2016, pp. 1 – 23.

② Penguin Intelligence, 2017 WeChat User & Ecological Research Report, Retrieved from http://www.360doc.com/content/17/0519/22/451431_655407300.shtml, 2017.

③ 叶明睿：《扩散进程中的再认识：符号互动视阈下农村居民对互联网认知的实证研究》，《新闻与传播研究》2014 年第 4 期。

④ 郑永年：《技术赋权——中国的互联网、国家与社会》，东方出版社 2014 年版。

⑤ 林铭、朱艺华、卢美杏：《关爱农村留守儿童的微信公众平台设计与应用研究》，《中国电化教育》2017 年第 8 期。

⑥ Li, Z., Luo, C., Zhang, J., "Research on the development and preliminary application of 12396 new rural sci-tech service hotline WeChat public platform", *International Conference on Network and Information Systems for Computers*, IEEE, 2016, 6: 453 – 456.

二 新媒体使用的社会心理学视角应成为重要的人际交往解释路径

对于社交网络/新媒体给个体人际交往带来的这一结果，我们觉得无可厚非，正如前面所述，新媒体，尤其社交网络的使用确会给个体的人际关系、人际互动以及社会资本，甚至使用方式，其他日常生活带来巨大影响。但这一关注模式不可避免地会带上技术决定论的色彩，而我们希望的是，在关注媒介技术本身带来的影响时，也应该和需要关注个体使用媒介所产生的社会心理因素带给他们的影响。正如唯物辩证法所强调的那样，内因和外因是事物发展相互作用的结果。内因是事物发展的根本原因，而外因是第二个原因，外因通过内因发挥作用。① 由此，事物或者行为发生的内在原因理应是首要的和关键的，也应是研究的重点。也就是说，就乡村居民的人际交往而言，在关注其新媒体/社交网络这一外在技术使用表征的同时，对于乡村居民新媒体/社交网络使用所产生的社会心理因素，即乡村居民使用新媒体的社会心理感知对其人际交往的影响，也应成为研究的重点讨论议题。新媒体使用的社会心理因素是站在心理学研究路径的基础上讨论，注重从个体新媒体使用心理层面对个体意识和行为加以研究。

基于此，本书旨在建立相应的理论模型和深入挖掘乡村居民的内在想法，探讨作为新媒体使用的社会心理因素，即社会临场感对乡村居民人际交往的影响。这一研究路径还在于指出，新媒

---

① 齐振海：《内因与外因的辩证关系和在事物发展中的作用》，《北京师范大学学报》（社会科学版）1962年第2期；金守庚：《内因和外因》，《哲学研究》1981年第5期。

体使用的心理学因素作为心理学研究路径的新方向，相对于技术决定论和传统文化决定论，它也应该成为学术研究重要的方向。另外，随着社会的发展，新技术的不断出现，乡村势必会成为新技术传播与采纳的新"领地"，乡村振兴也会极大受到互联网和新媒体带来的影响。所以，本书也能对未来乡村传播研究提供学理性的思考。

第二节 理论与现实价值

不论是传统媒体时代，还是新媒体的兴起，乡村人际交往的议题逐渐受到学界与业界的共同关注与重视，并已开展了诸多研究，取得较为丰硕的成果。但综观目前的研究，我们发现仍存在不足之处，因此需要并值得再进一步加以研究，以完善和推动这一议题的发展。

一 理论价值

首先，现有研究乡村传播学的视角更多从传统媒介入手，讨论传统媒体对乡村社区/乡村传统文化和乡村日常生活带来的影响。随着近年来，网络在乡村社会的传播扩散，以及新媒体的不断介入，新媒体对乡村社会的影响已成为了研究者关注的重要领域。但综观这些研究，无疑是站在新媒体技术的影响上，具有较强烈的"技术决定论"色彩。就此，本书另辟蹊径，从如今对乡村社会逐渐渗透的新媒体入手，将关注的焦点放置于新媒体使用的社会心理学因素上，以讨论新媒体使用的社会心理因素对乡村人际交往的影响，并具体围绕人际互动、人际关系与社会资本三个方面做出深入讨论。研究在丰富现有乡村传播学成果的同时，也能从理论上重新检视新媒体介入对乡村人际交往的影响。

其次，有学者指出，与大众传播研究相比，中国大陆人际传播的研究存在巨大反差与不平衡。① 乡村人际交往也属于人际传播研究的范畴，且随着社会的转型和发展，乡村社会的人际交往出现三种新的模式，一种是村内的社会交往，地理空间没有隔离；一种是跨地域的乡村人际交往，也就是大多数时候，完全依托于新媒介技术连接跨地域的关系；还有一种是依托于乡情或地缘所建构的异地交往模式，如丁未所关注的在深圳建构和保持同乡社会关系网络的"攸县的哥"。② 这三种乡村人际交往模式都有了新的延展与影响，所以通过这一特殊的乡村人际交往，来观察和探究中国社会人际传播的发展与变迁，是值得和有意义的方式。当代犹太哲学家 Martin Buber（1997：185）曾说："人生存的基本事实是彼此关联着的人。人无法逃避与他人发生关系。我与你相遇，我和你彼此关联，即使我们的交往是一场相互斗争。即使在彼此的关联中，我已不完全是我，你也不完全是你。但只有在互相的关联中，才能较为直观地认知到个体所特有的本质。"这表明，为了更好地理解人际交往，研究人际关系对于人际交往的影响是十分重要的。③ 也正是基于此，本书的一个

---

① ［美］巴克斯特、布雷思韦特：《人际传播：多元视角之下》，殷晓蓉、赵高辉、刘蒙之译，上海译文出版社 2010 年版；胡春阳：《经由社交媒体的人际传播研究述评——以 EBSCO 传播学全文数据库相关文献为样本》，《新闻与传播研究》2015 年第 11 期。

② 丁未：《流动的家园："攸县的哥村"社区传播与身体共同体研究》，社会科学文献出版社 2014 年版。

③ 陈力丹：《试论人际关系与人际传播》，《国际新闻界》2015 年第 3 期。

重要意义在对这种失衡做出弥补，以推动国内人际传播研究的发展，对人际传播研究在国内学者之间，国内外学者间做出理论性的讨论与对话。

最后，本书的另一个重要意义是试图在西方人际传播理论（关系传播理论）的基础上，通过社会心理学视角的理论（社会临场感理论）重新审视和讨论中国语境下，西方人际传播理论的适用性与发展性问题。同时，也希望能够期望借由研究，在中国乡土社会背景下，对关系传播做出新的解释路径：社会心理学解释路径，以区别于技术决定论和传统的社会文化决定论。

二 现实意义

在研究的现实意义方面。第一，通过揭示新媒体使用的社会心理因素对乡村人际交往的影响，能够揭示出社会转型时期乡村城镇化发展过程中所面临的一些问题。对于当地政府部门的管控和社会引导具有一定的参考价值。第二，通过具体深入研究乡村居民使用新媒体的社会心理因素，能够了解如今乡村社会新媒体使用的心理状态等问题，对于如今业界正在广泛讨论的"农村互联网金融""农村电商"等现实问题具有延展作用，能够给相关互联网企业（移动通信、宽带接入以及电商平台）的市场发展策略等提供借鉴和指导。第三，这一议题关切的是乡村主体——农民。关注的是农民在乡村社会乃至整个社会层面最为重要和最不可缺失的问题：人际交往。对这一问题的深入讨论和揭示，能对乡村社会未来人际传播/人际关系的成熟与稳定发展做出一定的贡献。

第三节 理论基础及概念界定

一 理论基础之一：社会临场感理论

社会临场感理论（social presence theory）是由心理学者 Short, Williams 和 Christie 提出。① 他们对面对面、闭路电视和听觉系统进行了检验，发现面对面的社会临场感最高，闭路电视其次，最低的是听觉系统。由此，Short 等人认为，社会临场感的发生和程度的高低会受到媒介信息传输能力的影响。②

临场感是一种心理状态。Lombard 和 Ditton 认为"临场感"是视频会议、家庭影院和高清晰度电视等新兴技术给用户提供的一种非中介式感知幻觉（the perceptual illusion of nonmediation），即用户在与环境沟通的过程中，因幻觉的影响而容易沉浸其中，并将之视为社会实体的感受，从而造成认知上无法客观地察觉到现实环境的存在。③ 他们还将临场感分为六种不同的形式，第一种是作为社会丰富的临场感（presence as social richness），强调临场感是媒介所具有的亲密性、社交性等；第二种是作为现实主义的临场感（presence as realism），强调的是媒介可以在多大程度上反映或呈现"真实"的东西；第三种是作为移位（transportation）的临场感（presence as transportation），反映的是你在那里、他在

---

① Short, J., Williams, E., Christie, B., "The social psychology of telecommunications", *Contemporary Sociology*, 1976, 7 (1): 32.
② 吕洪兵：《B2C 网店社会临场感与粘性倾向的关系研究》，光明日报出版社 2013 年版。
③ Lombard, M., Ditton, T., "At the Heart of It All: The Concept of Presence", *Journal of Computer-mediated Communication*, 2010, 3 (2): 84–92.

这里以及我们在一起的感觉;第四种是沉浸临场感(presence as immersion),强调的是虚拟环境让使用者沉浸于其中的感性状态与心理状态;第五种是媒介蕴含社会行动者临场感(presence as social actor within medium),指出媒介使用者在与媒介接触的过程中,对媒介中实际呈现的事物做出社会反映;第六种是作为社交行为者的媒介存在(presence as medium as social actor),这一种形式反映的是使用者对媒介提供的社会线索的社会反映,强调媒介与社会实体等同,如习俗。①

基于上述临场感的六种类型,有学者对其进行了总结并提出了"物理临场感"(physical presence)和"社会临场感"(social presence)。其中,物理临场感是一种个体身临其境的感受,而社会临场感是一种与他人"共在"的心理状态,即一种与其他人在一起的感受。② 针对社会临场感的定义,不同的学者具有不同的标准。如 Sallnas 等认为,社会临场感是个体与具有一定空间距离的他人通过媒介连接实现的现场交往感。而有学者则认为社会临场感是一种互相理解,彼此心意相通的心理感受。③ 另外,Palmer 从行为契合度的角度认为,社会临场感是一种多渠道的行为互动,其中个体是相互依存的。④ 产生上述不同标准的原因在于,学者在对社会临场感进行研究的时候,所采取的角度和维度不

---

① 吕洪兵:《B2C 网店社会临场感与粘性倾向的关系研究》,光明日报出版社 2013 年版。

② 吕洪兵:《B2C 网店社会临场感与粘性倾向的关系研究》,光明日报出版社 2013 年版。

③ Sallnäs, E., "Supporting presence in collaborative environments by haptic force feedback", *ACM Transactions on Computer-Human Interaction* (*TOCHI*), 2000, 7 (4): 461–476.

④ Palmer, M. T., "Interpersonal communication and virtual reality: Mediating interpersonal relationships", *Communication in the age of virtual reality*, 1995, pp. 277–299;童清艳、迟金宝:《微信实时传播的社会临场感影响因子研究——以上海交通大学学生微信使用为例》,《上海交通大学学报》(哲学社会科学版)2016 年第 2 期。

同，因此产生了社会临场感定义的丰富性。但综观既有的定义，作为社会心理学的重要概念，仍有相似与共通的地方，即社会临场感是受众在使用媒介的过程中能感知他人存在的程度以及由此所带来的个体心理感受，如亲密性、心理卷入度等。

尽管时至今日学界对于社会临场感的具体内涵和表现形式存在争议，① 但是大多数学者认为社会临场感理论承认并指出了通过技术所搭建的虚拟空间与现实交往一样，能让媒介用户感知到较强的社交性、真实性与亲密性，产生较强烈的归属感，这种对他人存在的感知程度和心理状态是用户选择和接纳这一媒介的至关重要因素，② 也是个体间使用媒介构建人际联系的程度。③

社会临场感理论的出现意味着技术实现了麦克卢汉所言的"人的延伸"，其与亲身接触一样可以带给使用者虚拟的在场感。同时，社会临场感理论也认为，在传播过程中，媒介具有亲密性（warm）和有用性（usefulness）。④ 具体而言，媒介用户可以通过媒介传播信息、互动沟通，实现功能层面的传播。在这一过程中，受众被视为"真实的人"，而非技术幻象。其他受众则可以感知到此人的存在。同样，受众使用中能够有着明显的亲密性和

---

① Biocca, F., Harms, C., Burgoon, J. K., "Toward a more robust theory and measure of social presence: Review and suggested criteria", *Presence: Teleoperators and Virtual Environments*, 2003, 12 (5): 456-480.

② DeSchryver, M., Mishra, P., Koehleer, M., Francis, A., "Moodle vs. facebook: Does using Facebook for discussions in an online course enhance perceived social presence and student interaction?" *Proceedings of the society for information technology & teacher education international conference*, March, 2009, 1: 329-336, Retrieved from http://www.editlib.org/no-access/30612/.

③ 吕洪兵:《B2C 网店社会临场感与粘性倾向的关系研究》，光明日报出版社 2013 年版。

④ Hassanein, K., Head, M., "Manipulating perceived social presence through the web interface and its impact on attitude towards online shopping", *International Journal of Human-Computer Studies*, 2007, 65 (8): 689-708.

心理参与感。①

具体而言，社会临场感理论包含四个层面的内涵。其一是心理参与（psychological involvement），如在 Tu 和 McIsaac 看来，这种技术带来的个体参与感知成为用户选择互联网作为沟通工具的重要原因。② 早期在线教育与社会临场感的研究也指出，这种个体参与感构成了社会临场感的基础，也使互联网在线教育的普及成为可能。其二则是共在意识（co-presence），Short，Williams 和 Christie 三位学者在最初的研究中就指出，技术的实用性促成了个体对于他人存在的感知，而这种感知是个体摆脱孤独，融入在线交流最为重要的因素之一。其三是亲密性（intimacy），由于在线小区使用能够对他人存在产生心理感知，因此在这种沟通和交流中，亲密性透过电子媒介传递给用户，形成心理层面的亲密感。特别是社交媒体出现之后，这种亲密性的研究呈现明显的增加趋势。Walther 已经表明，基于计算机沟通的用户可以产生与面对面交往中一样的亲密感，而这种亲密感是社会临场感的重要测衡量指标。③ 其四是行为契合度（behavioral engagement），使用者认为自己的行为与他人相互依赖，联系或反应的程度以及他人对自己行为的感知反应程度。④

社会临场感的研究较为丰富，但其涉及的领域却并不均衡。

---

① Short, J., Williams, E., Christie, B., "The social psychology of telecommunications", *Contemporary Sociology*, 1976, 7 (1): 32.

② Tu, C. H., McIsaac, M., "The relationship of social presence and interaction in online classes", *The American Journal of Distance Education*, 2002, 16 (3): 131–150.

③ Walther, J. B., "Relational Aspects of Computer-Mediated Communication: Experimental Observations over Time", *Organization Science*, 1995, 6 (2): 186–203.

④ Biocca, F., Harms, C., Burgoon, J. K., "Toward a more robust theory and measure of social presence: Review and suggested criteria", *Presence: Teleoperators and Virtual Environments*, 2003, 12 (5): 456–480.

相对而言,信息通信①、在线教育②和营销领域③的社会临场感研究较为丰富,其他领域相对较少。不过,随着互联网和社交媒体的发展,社会临场感现象也已得到人类沟通和传播学领域相关学者的研究,④针对社交媒体与社会临场感之间关系的讨论备受关注,⑤越来越多的研究者以社会临场感为视角,探究新媒体使用带给用户带来的影响。⑥也正是基于此,本书也从社会临场感这一心理学角度出发,对中国乡村居民人际交往进行研究,以探讨二者之间的关系和影响机制。

二 理论基础之二:关系传播理论

人际传播研究离不开对关系的讨论,关系研究也逐渐受到新闻传播学者的关注,逐渐将传播学理论应用到关系研究中,因此传播被作为关系得以形成的过程。正如 Berger & Kellner 曾提到的,关系是在不断交谈中进行的。⑦ 关系是与传播一块处于同一

---

① Yoo, Y., Alavi, M., "Media and group cohesion: Relative influences on social presence, task participation, and group consensus", *MIS Quarterly*, 2001, 25 (3): 371-390.

② Tung, F. W., Deng, Y. S., "Increasing social presence of social actors in e-learning environments: Effects of dynamic and static emoticons on children", *Displays*, 2007, 28 (4-5): 174-180.

③ Fortin, D. R., Dholakia, R. R., "Interactivity and vividness effects on social presence and involvement with a web-based advertisement", *Journal of Business Research*, 2005, 58 (3): 387-396.

④ 吕洪兵:《B2C 网店社会临场感与粘性倾向的关系研究》,光明日报出版社 2013 年版。

⑤ Robinson, L., Behi, O., Corcoran, A., Cowley, V., Cullinane, J., Martin, I., Tomkinson, D., "Evaluation of WhatsApp for promoting social presence in a first year undergraduate radiography problem-based learning group", *Journal of Medical Imaging and Radiation Sciences*, 2015, 46 (3): 280-286.

⑥ Gao, W., Liu, Z., Li, J., "How does social presence influence SNS addiction? A belongingness theory perspective", *Computers in Human Behavior*, 2017, 77: 347-355.

⑦ Berger, P., Kellner, H., "Marriage and the construction of reality: An exercise in the micro-sociology of knowledge", *Diogenes*, 1964, 46: 1-25.

场所中的,① 是在交谈与互动的过程中建立的。②

关系传播（relational communication）是"以建立人际关系为基础的交往模式或理论环境",③ 是关系成员之间通过传播行为而产生与建立,同时这种建构出来的关系本质又反过来对成员间的传播行为加以影响。④ 关系传播理论的目的是在于讨论与他者互相关联的过程,以及探讨成员间互相建立的传播模式如何影响他们彼此的关系发展。⑤ 其使得人际关系得以在传播研究中开展,并在奠定关系研究的主要形式和方向的同时,又能将人际交往的主要研究对象加以确定。⑥

关系传播理论认为个体通过传播行为而互相加以联结,其主要特征是围绕互动模式发展,是存在于成员间互相联结的交往过程中。⑦ 它的一个基本理论前提是关系可以在成员的交往模式中得到预测。⑧

这一理论的出现与发展也存在优势和局限之处。该理论的优势

---

① Sigman, S., *Relationship and communication: A social communication and strongly consequential view*, In R. Conville & L. E. Rogers (Eds.), the meaning of "relationship" in interpersonal communication, Westport, CT: Praeger, 1998.

② Duncan, H. D., *The Search for a Social Theory of Communication in American Sociology*, In F. Dance (Ed.), Human communication theory, New York: Holt, Rinehart & Winston, 1967.

③ 王怡红:《关系传播理论的逻辑解释——兼论人际交流研究的主要对象问题》,《新闻与传播研究》2006年第2期。

④ [美]巴克斯特、布雷思韦特:《人际传播:多元视角之下》,殷晓蓉、赵高辉、刘蒙之译,上海译文出版社2010年版。

⑤ [美]巴克斯特、布雷思韦特:《人际传播:多元视角之下》,殷晓蓉、赵高辉、刘蒙之译,上海译文出版社2010年版。

⑥ 王怡红:《关系传播理论的逻辑解释——兼论人际交流研究的主要对象问题》,《新闻与传播研究》2006年第2期。

⑦ Baxter & Braithwaite, *Engaging theories in interpersonal communication: multiple perspectives*, Sage Publications, 2008.

⑧ [美]巴克斯特、布雷思韦特:《人际传播:多元视角之下》,殷晓蓉、赵高辉、刘蒙之译,上海译文出版社2010年版。

在于"对传播的互动性的关注",①而劣势则表现在对交往过程中的情绪、情感等未能得到充分考量,另外对于人际关系的亲密性和信任等问题也没有被纳入。②同时,殷晓蓉也曾提到,未来该理论的发展应该进一步对个体情绪反应、情感与认知意义等加以关注。③

三 概念界定:人际交往

交往是人与人之间互动的过程和行为方式,在现实世界中,交往时刻都在发生,成为个体日常生活中必不可少的一部分,通过交往,个体之间又会产生互相影响的模式。④站在传播学角度,人际交往是一种人际传播行为,其存在两个面向的直接内涵,即包含"有交际关系的人与人之间的社会互动"和"通过人们的传播,以商定意义、身份和关系"。⑤从这一角度来看,人际交往是人际互动和人际关系的综合性体现。

另外,虽说人际交往与社会资本都有各自独特的指向,但其实二者之间也会存在一定的联系和意义嵌合。社会资本是研究人与人的联结方式,是镶嵌于"关系"网络中并流动的资源。⑥就

---

① [美]巴克斯特、布雷思韦特:《人际传播:多元视角之下》,殷晓蓉、赵高辉、刘蒙之译,上海译文出版社2010年版。

② Millar, F., Rogers, L. E., *Relationship dimensions of interpersonal dynamics*, In M. Roloff & G. Miller (Eds.) Explorations in interpersonal processes: New directions in communication research, Newbury Park, CA: Sage, 1987.

③ [美]巴克斯特、布雷思韦特:《人际传播:多元视角之下》,殷晓蓉、赵高辉、刘蒙之译,上海译文出版社2010年版。

④ 田丽、安静:《网络社交现状及对现实人际交往的影响研究》,《图书情报工作》2013年第15期。

⑤ Baxter, Leslie, A., (Ed.), Braithewaite, Dawn, O. (Ed.), *Engaging theories in interpersonal communication: Multiple perspectives*, Hedianzixue Yu TanceJishu/nuclear Electronics & Detection Technology, 2016, 34 (2): 1255 – 67;陈虹、秦静、李静等:《互联网使用对中国城市居民人际交往的影响:社会认同的中介效应》,《新闻与传播研究》2016年第9期。

⑥ 龚虹波:《论"关系"网络中的社会资本———一个中西方社会网络比较分析的视角》,《浙江社会科学》2013年第12期。

其内涵而言,即从社会网络、互惠性规范和由此产生的信任来看,社会资本也反映个体之间的联系,存在于人际关系的结构中,正如龚虹波的研究指出,个体的"关系"网络蕴含着社会资本。由此,社会资本是人际交往的效果面向。[①]

综上而言,本书将人际交往从人际互动、人际关系与社会资本三个面向来阐述。

第四节 问题框架、研究对象与方法论

一 问题框架

（一）本书的主要研究问题

社交网络使用行为是否能够显著预测乡村居民的网络人际互动效果、网络人际关系质量和社会资本?作为社交网络使用的社会心理因素,社会临场感与乡村网络人际互动效果、网络人际关系质量和社会资本间是否存在显著影响关系?

（二）本书在研究上实现的创新

本书在研究内容、理论建构与研究方法上有以下创新点:

（1）研究内容前沿。本书的重点是关注中国大陆人际交往研究。根据已有学者的研究,发现人际传播研究在中国大陆仍处于不被"重视"的局面,与国外对人际交往研究的重视和研究成果的丰富性相比,缺乏学术对话。因此,本书侧重于关注这一视

---

① Baxter, Leslie, A., (Ed), Braithewaite, Dawn, O. (Ed), *Engaging theories in interpersonal communication: Multiple perspectives*, Hedianzixue Yu TanceJishu/nuclear Electronics & Detection Technology, 2016, 34（2）：1255-67；陈虹、秦静、李静等：《互联网使用对中国城市居民人际交往的影响：社会认同的中介效应》,《新闻与传播研究》2016 年第 9 期。

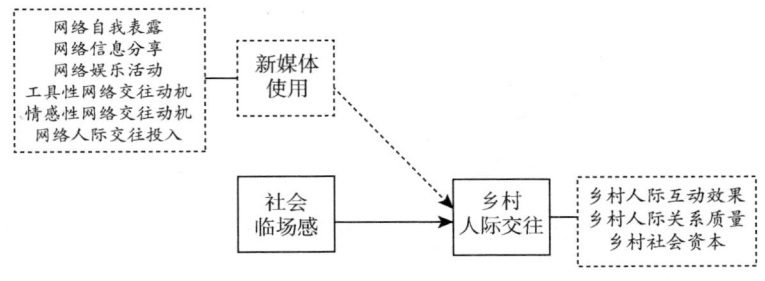

图 1　研究框架

角，具有前瞻性与反思性。

（2）研究角度新颖。乡村社会是观察传统人际关系最佳的"场域"。本书观察到新媒体正逐渐渗透到乡村社会并影响其发展。且依托于当下讨论较为热烈的"农村金融"和"农村电商"等问题，本书另辟蹊径，将社会临场感与乡村人际交往建构联系，从社会心理学视角探析传统乡土社会中，新媒体使用的社会心理学因素对其人际交往（人际互动、人际关系、社会资本）产生的联结、建构与调适效应。

（3）理论基础的跨学科应用。本书使用社会心理学领域的理论——社会临场感理论，将其用于研究当下中国乡土社会中的人际交往。随着新媒体对乡村社会的不断嵌入，乡村社会的日常生活，社会关系等方面确发生了巨大的改变，这是无可厚非的。但需要考虑的问题是城乡的差异，城市居民对新媒体的掌握程度较高，新媒体使用的时间、方式与行为能够对其产生影响，但在乡土社会中，乡民的教育文化背景不高，对新技术的媒介素养也不高，这些因素直接或间接的影响着他们对新媒体使用的态度，并不是说新媒体的使用时间和行为不会对乡民产生影响，而是需要在考虑技术操作影响的同时，对于乡村居民，还应注重对其新媒体使用心理的关注与重视。所以，在理论基础上，本书便区别于现有的研究，从社会心理学理论创新性地探索乡村居民的人际交往。

（4）样本选取的多样性与跨地域性。本书区别于以往研究只以某个村为个案进行的研究，通过在东部、中部和西部选取相应的乡村进行调查研究，一来能够相对较为整体地看待中国乡村社会发展的情况，二来也能探析地域间的差异。

二 研究对象

（一）为什么选择关注乡村社会/乡村居民

本书的主体是乡村居民。在中共十九大报告中，农业和农民问题是国民经济和民生的根本问题，要把解决"三农"问题作为党工作的重中之重，落实乡村振兴战略。2018年2月，正式公布以乡村振兴为主题的《中共中央国务院关于实施乡村振兴战略的意见》。与此同时，中共中央、国务院发布了《乡村振兴战略规划（2018—2022年）》。这无疑让乡村社会成为了关注的焦点。在国家政策大力扶持上，乡村信息技术建设也成为乡村振兴的重要内容。关注乡村社会的发展自然也离不开对乡村居民这一主体的关注。

事实上，在改革开放后近四十年的时间，中国人口流动速度明显加快。[①] 在这一过程中，中国社会发生了巨大的变化，表现之一就是城乡二元结构程度的加剧和新社会阶层的兴起。[②] 在这一

---

① Iredale, R., *China's Labour Migration Since 1978. Contemporary Developments and Issues in China's Economic Transition*, Palgrave Macmillan, 2000; Sakamoto, H., "Regional income disparity and population movement: case study of Jiangsu province in China", *Studies in Regional Science*, 2012, 42（2）: 473 – 491.

② Qian, X., & Smyth, R., "Measuring regional inequality of education in china: widening coast-inland gap or widening rural-urban gap?" *Journal of International Development*, （转下页）

变化中，城市往往掌握着较多的政治、经济和文化资源，被视为是新社会阶层最主要的出现场所。①与城市相比，农村往往在资源掌握上处于劣势地位。②

但随着互联网等基础设施的发展，城乡之间的"接入鸿沟"不断在缩小，应用覆盖性也在逐渐增强。③虽然城乡之间的数字鸿沟仍然存在，甚至没有缩小，④但这种变化无疑使得中国乡村现代化进程有了较大的飞跃。再者，新媒体技术对乡村社会的不断嵌入，极大地改变了乡村社会原有的面貌，使得乡村居民的思想观念以及交往方式都有了新的发展，电子商务与网络银行等技术的发展也较大改变着乡村居民的日常生活方式。不断嵌入的新媒体技术，打破了城乡之间的隔阂，显著加强了城乡之间的联结，让城乡间的联系变得越来越紧密。在这种努力逐渐接近城市的过程中，我们不可否认的是，乡村社会在不断地进步与发展。

（接上页）2008, 20（2）: 132 – 144; Tsang, Y. H., "The quest for higher education by the Chinese middle class: retrenching social mobility?" *Higher Education*, 2013, 66（6）: 653 – 668; Wang, X., Piesse, J., & Weaver, N., "Mind the gaps: a political economy of the multiple dimensions of China's rural-urban divide", *Asian-Pacific Economic Literature*, 2013, 27（2）: 52 – 67; Chen, C., & Qin, B., "The emergence of China's middle class: social mobility in a rapidly urbanizing economy", *Habitat International*, 2014, 44: 528 – 535.

① Bonnefond, C., Clément, M., Combarnous, F., "In search of the elusive Chinese urban middle class: an exploratory analysis", *Cahiers Du Gretha*, 2013, 27（1）: 41 – 59; Chen, C., Qin, B., "The emergence of China's middle class: social mobility in a rapidly urbanizing economy", *Habitat International*, 2014, 44: 528 – 535.

② Qian, X., Smyth, R., "Measuring regional inequality of education in China: widening coast-inland gap or widening rural-urban gap?" *Journal of International Development*, 2008, 20（2）: 132 – 144; Wang, X., Piesse, J., Weaver, N., "Mind the gaps: a political economy of the multiple dimensions of China's rural-urban divide", *Asian-Pacific Economic Literature*, 2013, 27（2）: 52 – 67.

③ 邱泽奇、张树沁、刘世定等:《从数字鸿沟到红利差异——互联网资本的视角》，《中国社会科学》2016年第10期。

④ 曹晋、梅文宇:《城乡起跑线上的落差：转型中国的数字鸿沟分析》，《当代传播》2017年第2期。

与城市或城市居民相比,乡村有着较为鲜明的特色。城市人口流动量大,人与人之间存在着较大的异质性,而乡村社会中,人与人之间的关系更亲密,以地缘和亲缘为基础的传统人际交往方式在乡村社会中依然占据着主导地位,且乡村居民的社交网络规模较小,分散程度较低。① 此外,乡村居民受传统文化的影响较大,很大程度上会与城市居民的现代性形成对比。由于新媒体技术的不断发展与渗透,城市居民受到的影响很大程度上会呈现同质性的现象与影响,而对于乡村居民而言,新媒体技术给他们带来的冲击和改变显得张力较大,影响也更加深远。

由此,选择关注乡村社会/乡村居民,不仅是国家政策的驱动,更重要的是在面对日新月异的技术面前,乡村社会中的每一个元素都会产生与城市相同抑或相异的地方,更会较传统想乡土社会,有新的延伸与变化。社会转型时期,关注乡村社会/乡村居民,对于把握城乡差异,弥合城乡数字鸿沟有较大的启示,对于中国社会的均衡发展也能提供理论上的指导。

(二) 东部、中部和西部乡村的选择理由

东、中、西部三个地区的自然、社会、经济、文化等方面存在显著差异,② 在经济总量、人均水平、吸引外资量、投资规模等方面,中国东部、中部和西部地区之间的差距尤为明显,从东到西逐步呈现减弱趋势,梯度变化显著。③ 具体来看,东部农村

---

① Kasarda, J. D., Janowitz, M., "Community Attachment in Mass Society", *American Sociological Review*, 1974, 39 (3): 328 - 339.
② 谭涛、张茜、刘红瑞:《我国农村老年人口的健康不平等及其分解——基于东中西部的实证分析》,《南方人口》2015 年第 3 期。
③ 陈国阶:《我国东中西部发展差异原因分析》,《地理科学》1997 年第 1 期。

工业化和城镇化程度较高,而中、西部农村工业化水平较低,三农问题也相对较为严重。① 但中部作为东西部的连接,其发展处于二者之间,兼具东部和西部的发展特点。② 这种总体上的发展差异,使得东、中、西部乡村的发展也呈现显著的差异化。

首先,东部、中部和西部乡村表现在经济发展的差异性较大。东部乡村地区经济较发达,属于人口流入地,乡村居民普遍富裕,而中、西部乡村一般为农业型村庄,农村经济不活跃,且中、西部地区青年劳动力出现较大流失的现象。③ 其次,在互联网信息网络建设与应用上,东、中、西部地区的网络用户数继增值差距不断扩大,尤其东部和西部地区更呈现明显的扩大化差距。④ 最后,东、中、西部在文化和人口构成上也存在差异性,东部地区乡村多为汉族人口,而西部乡村地区多为少数民族聚集区,中部地区则兼具东部和西部的特征,文化上存在不同之处。

因此,选择东、中、西部乡村地区,不仅能从整体上把握中国乡村社会的总体情况,更能在把握总体的前提下,比较东部、中部和西部三个地域的乡村情况。

三 研究方法

(一) 调研方法

本书采取问卷调查法和焦点小组访谈的方法进行数据和材料

---

① 张劲松:《乡愁生根:发展不平衡不充分背景下中西部乡村振兴的实现》,《江苏社会科学》2018 年第 2 期。
② 陈显军、郑兴波、梁君:《东中西部文化产业发展比较研究》,《改革与战略》2012 年第 7 期。
③ 桂华、于珊:《东中西部乡村振兴的重点有何不同》,《人民论坛》2018 年第 12 期。
④ 韩萍、颜桂英:《东中西部地区互联网信息网络应用的差距与影响》,《中国科技论坛》2007 年第 6 期。

的收集。问卷调查法旨在通过收集数据而得出模型间的影响机制关系,而焦点小组访谈法的使用在于补充和深入挖掘数据之外更深层次和更具体的影响。

(二) 数据获取

根据地理区域均衡 (geographical equilibrium) 原则,为了更具代表性地呈现中国大陆乡村居民的整体情况,本书分别选取东部的山东省乡村和江苏省乡村、中部的湖南省乡村和江西省乡村,以及西部的云南省乡村、湖北省恩施土家族苗族自治州和甘肃省乡村为调查地点。选取这三个地域省份的乡村为样本收集地,主要的理由是无论是在人口因素、经济发展水平还是文化特征(习俗)方面,三个地域都存在一定的差异,且所选省份都能较好地代表和反映相应区域的情况。[①] 同时,省份的选择还兼顾了对文化和少数民族乡村居民组成的考量,如西部地区的三个省份乡村多为少数民族聚集村。

因为涉及三个地域七个不同省份乡村的调查,考虑到人力、成本,以及语言(方言)沟通等的因素,研究者通过人际关系招募分别来自山东省、江苏省、湖南省、江西省、云南省、湖北省恩施土家族苗族自治州和甘肃省的乡村居民,将他们作为在当地实施问卷调查的执行者。招募原则是:一应具有责任心,且具有一定社会调查经验;二是居住在该省份乡村地区。

此外,考虑到不是所有乡村居民都会使用社交网络,且很难判定具体每个村使用社交网络的情况如何,所以研究采取方便抽

[①] 张明新、韦路:《知识、态度与乡村社会的家庭互联网采纳》,《传播与社会学刊》2009 年第 1 期;Huang, G., Yang, H. L., "The strategic status of Hubei in the rising of Central China", *Finance & Economy*, 2006 (8): 76 – 78。

样和滚雪球抽样相结合的方法收集数据。最终研究一共招募39人，其中山东省7人，江苏省6人，湖南省6人，江西省6人，云南省5人，湖北省恩施土家族苗族自治州2人，以及甘肃省7人。通过对他们进行培训和考察后，要求他们于2018年1月到2018年3月在自己乡村以及邻近乡村进行问卷调查。每人负责40份问卷。研究一共发放1560份问卷，回收1453份，在剔除了填答有规律性和未填写完成的无效问卷后，共保留了有效问卷为1274份，完成率为81.6%。

表0-1　　　　　　　　样本量的分布情况

地域	省份		样本获得数	省份样本总数（有效数）	地域样本总数（有效数）	有效总样本量/分析样本量
东部	山东省	临沂市	75	264（227）	488（437）	1274/1162
		泰安市	38			
		青岛市	75			
		淄博市	76			
	江苏省	镇江市	78	224（210）		
		常州市	75			
		无锡市	71			
中部	湖南省	长沙市	116	229（207）	459（416）	
		岳阳市	35			
		衡阳市	38			
		湘潭市	40			
	江西省	上饶市	157	230（209）		
		德兴市	37			
		南昌市	36			
西部	云南省	红河哈尼族彝族自治州	111	172（126）	506（421）	
		大理白族自治州	33			
		文山壮族苗族自治州	28			

续表

地域	省份		样本获得数	省份样本总数（有效数）	地域样本总数（有效数）	有效总样本量/分析样本量
西部	甘肃省	定西市	40	254（224）	506（421）	1274/1162
		张掖市	77			
		临夏回族自治州	137			
	湖北省	恩施土家族苗族自治州	80	80（71）		

注：按照西部大开发计划既定以及国务院西部地区开发领导小组协调的范围，湖北省恩施土家族苗族自治州属于西部。

（三）数据加权、最终分析样本量与样本基本情况

根据"2016年中国农村网民规模数量及发展趋势预测"，中国农村网民的性别结构为男性与女性比例：55/45。本书所获得样本总量为1274，其中男性为639份，女性为635份。根据"2016年中国农村网民规模数量及发展趋势预测"提供的性别构成基本统计，保留所有男性的有效样本639份，并从女性有效样本中随机剔除112份（东部：男性为224，女性为213；中部：男性为161，女性为255；西部：男性为254，女性为167。所以考虑到地域内部男女样本的分布情况，西部地区的女性样本保留不剔除，而随机从东部女性样本中剔除12份，从中部女性样本中剔除100份），得到与总体比例一致的女性样本（N=523），合并构成分析样本N=1162。由于缺乏其他农村网民的人口统计变量描述，研究仅根据性别对原始数据进行加权处理。

经过统计，调查样本的年龄分布情况为18岁以下占5.8%，18—24岁占42.5%，25—30岁占21.4%，31—35岁占10.8%，36—40岁占9.1%，41岁及以上10.4%。民族成分方面，少数民族占28.1%，汉族占71.9%；教育程度方面，小学及以下占29.9%，初中占29.3%，高中或中专占16.0%，大专及以上占24.7%；婚姻

状况方面，已婚的乡村居民占 46.9%，未婚的占 53.1%。

中国乡村居民在社交网络的使用上，使用最多的是微信及微信朋友圈，占 95.8%；QQ 及 QQ 空间为 78.3%；微博为 40.0%；陌陌占 8.2%；贴吧（如百度贴吧等）占 14.8%；论坛（如天涯论坛等）占 7.1%；使用其他社交网络，如 Blued、知乎等占 4.1%。在社交网络的使用时长上，使用小于 30 分钟的占 8.2%，30—60 分钟以内的占 20.8%，60—90 分钟以内的占 23.1%，90—120 分钟以内的占 15.6%，使用时间高于 120 分钟的占 32.3%。

（四）焦点小组访谈

焦点小组访谈方法是通过对访谈对象所表述的观点与内容进行分析，以研究和揭示个体行为的内在意涵，对数据收集过程中所产生的误差，以及信效度问题等提供认证，达到更好地弥补、扩展和验证某种结论的作用。（段卉、金亮，2017）

所有访谈在 2018 年 9—10 月进行，一共实施 6 个小组，总计 51 个受访对象，平均每组访谈 60 分钟左右。在征集到合适的受访对象后，依照受访对象所在地域，将其分别归为西部组（云南省、甘肃省）、中部组（湖南省、江西省）和东部组（山东省、江苏省）。因为每个地域的受访人数较多，为了能更细致地操作整个访谈过程，所以每个地域均划分为 2 组，一共 6 个焦点小组。具体来看情况如下表所示。

表 0-2　　　　　　焦点小组受访者分布情况

区域	省份	受访人数	总计
西部乡村	云南省	12	20
	甘肃省	8	
中部乡村	湖南省	9	16
	江西省	7	

续表

区域	省份	受访人数	总计
东部乡村	山东省	10	15
	江苏省	5	

需要说明的是，上述 6 个小组中，除了云南省是在实地进行焦点小组访谈外，其余 5 个小组均是组建网络焦点小组访谈，借助于微信平台的多人语音功能，分别将 5 个小组的成员聚合到一个微信群中，然后依照时间安排进行线上焦点小组访谈的程序和操作。

正式访谈时，首先从受访者使用新媒体/社交网络的情况和感受谈起，以唤起受访者的思想和情感，再逐步进入到核心访谈内容的讨论。研究者作为焦点小组访谈的主持人，不参与小组的讨论，当一个问题讨论结束后，主持人都以"还有什么需要补充或想要表达的观点吗"进行提问，如果没有，则再进行下一个问题的回答与讨论。在焦点小组访谈进行完毕后，分别给予访谈对象一定的报酬，并为了保护受访者的个人隐私，征得受访者的同意，将微信群加以解散。

受访者的年龄最小为 13 岁，最大为 46 岁，教育背景最低为小学，最高为本科在读。其中有 21 个受访者因为打工和上学的缘故与原乡村家庭是"分居"状态，但依然是乡村居民，且其主体家庭成员和亲朋好友均留在乡村中，其也每年都回乡村家中居住。51 位受访者的个人基本情况附于文末。

第一章 新媒体、社会临场感与人际交往

乡村传播学研究最早兴起于 19 世纪末的美国，农村和农民问题是其产生和发展的根源，乡村传播学研究也致力研究并解决这些问题。① 而中国乡村传播学的发端可以追溯至 20 世纪 80 年代初，并成为"传播学本土化的很有意义的探索"。② 直至 20 世纪末 21 世纪初，乡村传播学全面兴起，并取得丰硕成果。③

乡村传播是一种社会现象，信息在乡村社会中交换并与之相关，其是一个涉及组织传播、大众传播以及人际传播和多种传播体系的传播系统。④ 具体包括乡村社会的传播类型、传播方式、传播效果、传播文化、传播者、受传者以及与乡村社会发生信息

---

① 李红艳：《关于乡村传播与新农村建设的几点思考》，《中国农业大学学报》（社会科学版）2006 年第 3 期。

② 李红艳、谢咏才、谭英：《构建中国乡村传播学的基本思路——传播学本土化的一种探索》，《中国农业大学学报》（社会科学版）2005 年第 2 期。

③ 沙垚：《乡村传播与知识分子——以关中地区皮影的历史实践（1949—2013）为案例》，《新闻大学》2014 年第 4 期。

④ 高潮：《论乡村传播影响下的农村青年社会化》，《华中农业大学学报》（社会科学版）2010 年第 3 期。

交流的传播活动。① 其是研究乡村社会内部信息传播系统以及与之相对应的外部信息传播系统之间的相互关系的学科。② 也是探讨乡村社会中政治、经济、文化等各要素之间的关系如何平衡，并达到和谐的过程。③ 其理论基础是传播学和行动研究理论。④

目前，学界对乡村传播研究有三种路径：首先，量化研究是乡村传播研究的主流路径，而"质的研究"则相对被忽视。⑤ 其次，"发展传播学路径"和"社会——人类学路径"也是乡村传播研究的两条主体研究路径。⑥

值得注意的是，"发展传播学的路径"关注的是传播对于社会发展所起到的推动和变革作用，在于揭示这一过程中影响的发生机制。或者具体考察传播与社会发展之间的关系，如在发展中国家使用新传播技术、发展传播中的公共参与、乡村地区的传播等，⑦ 围绕这一路径的研究成果也颇为丰富。如李红艳《乡村传播与农村发展》（2008），该书从历史脉络、信息建设和传播机制三部分对乡村传播的宏观和微观机制进行呈现，并对乡村发展的相关传播效果进行评述，构建了乡村传播与农村发展的图景；仇学英的《社会主义新农村发展传播模式论》（2011），该书构建了

---

① 李红艳：《乡村传播与农村发展》，中国农业大学出版社 2008 年版。
② 李红艳：《乡村传播学概念解析——兼论乡村传播学与发展传播学之异同》，《新闻界》2008 年第 6 期。
③ 李红艳：《关于乡村传播与新农村建设的几点思考》，《中国农业大学学报》（社会科学版）2006 年第 3 期。
④ 李红艳：《乡村传播与农村发展》，中国农业大学出版社 2008 年版。
⑤ 郭建斌：《传媒与乡村社会：中国大陆 20 年研究的回顾、评价与思考》，《现代传播——中国传媒大学学报》2003 年第 3 期。
⑥ 关琮严：《媒介与乡村社会变迁研究述评》，《现代视听》2012 年第 8 期；刘展、姚君喜：《"媒介场域"：乡村传播媒介的分析视域——以东北 J 村为例》，《西南民族大学学报》（人文社会科学版）2016 年第 1 期。
⑦ 徐晖明：《我国发展传播学研究状况》，《当代传播》2003 年第 2 期。

大众传播媒介社会主义新农村科学发展的传播纲领、传播模式内容和有效传播模型的理论系统。还有王德海主编的《农村发展传播学》（2012），该书在联系国际农村发展实际的基础上，对中国农村发展传播学的缘起、传播模式、农村人际传播和基本技能进行了翔实的论述。

"社会——人类学的路径"则关注的是乡村社会里的传统传播方式，如皮影戏、婚丧礼俗等，以一种民族志的方式揭示媒介与乡村社会的发展。最典型的代表是《电视下乡：社会转型期大众传媒与少数民族社区——独龙江个案的民族志阐释》（2003），此后，围绕这一研究路径也不断有研究成果"面世"，如李春霞《电视与中国彝民生活——对一个彝族社区电视与生活关系的跨学科研究》（2005）、Kirk Johnson 著，展明辉、张金玺译《电视与乡村社会变迁：对印度两村庄的民族志调查》（2005）和金玉萍的《电视实践：一个村庄的民族志研究》（2015）等。

对于上述三种研究路径，沙垚提出质疑，他认为当下的乡村传播研究存在"他者思维"，以西方视角审视中国乡村传播问题和"问题思维"，将乡村看成一个有问题的乡村社会。[①] 但是近年来，随着对这些问题的反思与不断审视，乡村传播研究成为一种新的研究趋势，在话语体系中具有批判性和超越性，即传播政治经济学和传播史的研究取向。[②]

2018 年 6 月，在美国俄勒冈大学举办的国际媒介与传播研究学会（IAMCR）上，正式通过并设立了"乡村传播"（rural com-

---

① 沙垚：《乡村传播与知识分子——以关中地区皮影的历史实践（1949—2013）为案例》，《新闻大学》2014 年第 4 期。
② 沙垚：《乡村传播研究的范式探索》，《新闻春秋》2015 年第 4 期。

munication）工作组。这意味着乡村传播研究逐渐得到了认可，并发展成为相对独立的研究分支。

第一节 乡村人际传播与乡村人际交往研究

在乡村传播学研究中，除了探讨大众传播与乡村社会的变迁外，乡村人际传播研究也是十分重要的领域。与大众传播研究相比，人际传播在中国大陆的研究存在巨大反差与失衡。①，自然乡村人际传播研究也是脱节的状态。通过文献梳理，乡村人际传播研究主要围绕乡村人际传播的特征与形式，以及人际传播对乡村社会发展的影响两个方面的讨论。

一 乡村人际传播的特征与形式

在乡村人际传播中，闲话是一种最主要也是最常见的方式，因此闲话传播可以看作是一种特殊的乡村人际传播方式。② 这种特殊的乡村人际传播是一种公共空间的视角，传播内容具有随机性，且传播主体相对稳定。与之不同的是牛炜玲认为乡村内部的人际传播基本是一种平等的交流，传授双方是一种对等的关系，这是一种社会关系视角。③ 不管是公共空间视角，还是社会关系视角，都在一定程度上反映了中国乡村传统的人际传播模式，具

---

① 胡春阳：《经由社交媒体的人际传播研究述评——以 EBSCO 传播学全文数据库相关文献为样本》，《新闻与传播研究》2015 年第 11 期。
② 冯广圣：《一种特殊的人际传播：闲话传播——基于桂东南 L 村的实地考察》，《国际新闻界》2012 年第 4 期。
③ 牛炜玲：《乡村社会人际传播研究》，硕士学位论文，华中农业大学，2011 年。

有一定的宏观性。

另外，也有从微观视角研究的。冯广圣从行动者的角度解析了乡村人际传播中的"能人"角色分析，探讨了作为乡村精英能人和作为意见领袖能人的身份解构，① 如村干部的人际互动传播等。② 而巢好则观察到了乡村麻将桌上的人际传播现象，通过对其进行研究，他发现麻将桌上的人际传播是一种"以麻将馆为代表的新型农村非正式公共空间；是一种以娱乐为主的传播、圈子式的人际传播和较为平等的人际传播"。③ 这种人际传播模型对传统乡村人际传播存在一定的影响，能够重新建立并替代农村传统的非正式公共空间、逐渐消解农村传统人际传播中的乡村民俗文化、扩大农村传统人际交往的范围，并使农村传统人际关系趋向"理性化"发展。

同时，乡村人际传播的发展也有助于乡村社会规范的形成和乡村社区秩序的维护，发挥一定的舆论监督作用。另外，面对"拥挤"的乡村社会，日常人际传播也有利于妒忌和怨恨等不良情绪的发泄，消解乡村纠纷，发挥安全阀的功能。④ 从以上研究可以看出，微观视角的研究重在讨论人际传播中的角色身份建构以及日常人际传播及其社会功能。

二 人际传播对乡村社会发展的影响

相比大众传播媒介对乡村社会发展影响的重视程度，人际传

---

① 冯广圣：《乡村人际传播中行动者身份解构与村庄社区传播模型建构》，《新闻界》2013 年第 17 期。
② 熊顺聪：《乡村人际传播中的村干部形象》，《新闻界》2013 年第 4 期。
③ 巢好：《农村麻将桌上的人际传播及其对农村传统人际传播的影响》，硕士学位论文，广西大学，2016 年。
④ 费爱华：《乡村社会日常人际传播及其社会功能》，《湖南农业大学学报》（社会科学版）2016 年第 4 期。

播对乡村社会发展影响的关注度较弱。熊芳芳和赵平喜认为公共空间人际传播对我国乡村社会结构能够产生影响,这种影响体现在信息的相互交换、维系人际关系、联结与整合民间力量、培养意见领袖并形成公共舆论五个方面。① 从具体维度上研究发现,乡村人际传播在农民健康教育问题上发挥着重要的影响作用,是改变农民不良生活习惯和提高健康意识的重要手段。②

另外,唐清云通过对广西两个行政村的实证研究发现,人际传播对农民政治参与具有一定的影响,如人际信息互动频度能够对农民的政治参与起到决定性的影响;农民的政治参与意识和参与行为会受到人际关系的影响等。③

三 乡村人际交往研究

亲缘和地缘是中国乡村社会最主要的两种人际关系,其中亲缘包括血缘和姻缘。但随着社会的现代化转型,乡村人际关系也发生了一定的改变,出现了多维度的变化趋势,平等、自主与理性得到强化。④ 进而彰显了利益凸显、血缘意识淡化、伦理约束弱化的局面。⑤ 但在乡村人际交往中,人情一直是最重要的纽带。⑥

---

① 熊芳芳、赵平喜:《公共空间人际传播对我国农村社会结构的影响分析》,《新闻界》2009年第3期。
② 李文芳、李明、吴峰:《论人际传播手段在农村健康教育中的地位和作用》,《中国健康教育》1995年第6期。
③ 唐清云:《人际传播对农民政治参与的影响研究》,硕士学位论文,华中农业大学,2004年。
④ 陈冬梅:《浅析社会主义新农村建设中人际关系的变化》,《天府新论》2008年第S2期。
⑤ 熊峰、余盼:《农村人际关系的结构性要素及其变迁》,《武汉纺织大学学报》2015年第4期。
⑥ 仇小玲、屈勇:《从"叫人"到"雇人":关中农村人际关系的变迁》,《西北农林科技大学学报》(社会科学版)2008年第5期。

关于乡村人际交往的研究，主要集中在社会学、社会心理学、人类学这三大领域。最典型的代表可以追溯至费孝通（2005）的差序格局；林耀华（2008）的人际关系均衡理论以及 HSIEN CHIN HU（2009）的脸和面子等研究。现阶段，中国对乡村人际关系的研究主要存在两种解释路径，一种是心理和文化解释路径，另一种是社会结构解释路径。

对于从心理和文化视角探讨乡村人际关系的研究，"人情"和"面子"是主要的议题。曹锦清、张乐天观察了浙北的一个村落，发现小家经济关系网和人情构成了传统乡村社会文化的典型特征。① 而周晓虹在研究江浙农民的人格和社会心理向现代转变时指出农民在社会交往过程中利益在很大程度上取代了情感，成为人际关系得以维系的纽带和黏合剂。② 这体现了乡村人际关系的变迁，呈现出了一种功能性的应用。③

从社会结构讨论乡村人际关系的研究，最具代表性的便是费孝通（1948）在《乡土中国》一书中提到的"差序格局"概念。他认为，传统的中国社会关系就好比是"扔到水面上的石块所产生的一圈圈推出去的波纹。每个人都是他社会影响所推出去的圈子的中心。被圈子的波纹所推及的就发生联系"。但后来研究者发现，在差序格局中，利益成为影响人际关系亲疏的重要因素。④ 此外，阎云翔从农村日常生活中礼物的流动探讨农民人

---

① 曹锦清、张乐天：《传统乡村的社会文化特征：人情与关系网——一个浙北村落的微观考察与透视》，《探索与争鸣》1992 年第 2 期。
② 周晓虹：《流动与城市体验对中国农民现代性的影响——北京"浙江村"与温州一个农村社区的考察》，《社会学研究》1998 年第 5 期。
③ 浦睿洁：《农民工返乡创业与乡村人际关系变迁》，硕士学位论文，华东师范大学，2012 年。
④ 卜长莉：《"差序格局"的理论诠释及现代内涵》，《社会学研究》2003 年第 1 期。

际交往中的互惠原则与社会关系。① 他发现,礼物的流动创造、维持并强化了社会关系结构,村民的随礼行为背后潜藏的是一种维持关系平衡的互惠动机等。

第二节 新媒体技术与人际交往研究

一 新媒体与人际关系(互动)研究

当代犹太哲学家 Martin Buber(1997:185)曾说道:"人生存的基本事实是彼此关联着的人。人无法逃避与他人发生关系。我与你相遇,我和你彼此关联,即使我们的交往是一场相互斗争。即使在彼此的关联中,我已不完全是我,你也不完全是你。但只有在彼此互相交往的关联中,才能直接认知到个体所特有的本质。"这段话反映了人际关系的本质,指出人与人之间的交往,人与人之间的传播都是在关系的连接中产生,并加以深化。对于人际关系的定义,社会学认为是一种社会关系,是人在不断的生产与生活中建构的联系。而心理学则认为,人际关系是一种个体的心理状态,是在人与人交往的过程中产生的心理上的关系或距离。总的来说,人际关系是扮演着相应角色的两个或两个以上的人在互动的过程中建立的关系。②

传统的人际关系是通过面对面的方式而建立起来的。随着新媒体技术的发展,使得这种基于现实交往而建立的关系得到了改

---

① 阎云翔:《私人生活的变革:一个中国村庄里的爱情、家庭与亲密关系:1949—1999》,上海书店 2009 年版。
② 方艳:《论人际关系媒介化》,《国际新闻界》2012 年第 7 期。

变。这种改变表现在两个方面：新媒体对现实人际关系维系、建构甚至破坏的影响；网络人际关系的出现。

在新媒体对现实人际关系的影响上，互联网的出现打破了时间和空间的限制，缩短了人际疏离感，重建了即时传播中关系的在场感。① 同时，互联网也提供给了受众更自由的交往选择，让交流、互动变得更加频繁与亲密，允许受众与家人、朋友等保持密切的联系。同样地，社会信息处理理论认为，人们在经过一段时间的互动后便会积累关于对方的信息和认知，可以通过"计算机中介交往"发展和加强亲密的情感关系。因此，许多的研究都认为互联网能够对人际关系产生正面的影响。② 这种积极的影响效应也在不同的文化背景和年龄阶段得到验证。如 Kim，Yun & Yoon 认为对于在韩国的亚洲国际留学生，互联网是作为文化杂交（cultural hybridization）和人际关系的促进者。③ Hogeboom，McDermott & Perrin，et al. 对 2284 名 50 岁以上的成年人的研究发现，互联网能够强化他们的人际关系。④ 网站为老年网民提供一个精神纽带网和社交关系网。⑤

但并不是所有的互联网功能或使用行为都会带来人际关系的正向发展。Lai & Lin & Chen 就曾提出"互联网是否能对人际关

---

① 魏景霞：《从媒介史角度看微博对人际关系的影响》，《新闻界》2012 年第 17 期。
② 陈志娟：《信息传播与人际关系建构：以微信使用为例》，《新闻与写作》2017 年第 12 期。
③ Kim, Yun & Yoon, "The Internet as a facilitator of cultural hybridization and interpersonal relationship management for Asian international students in South Korea", *Asian Journal of Communication*, 2009, 19（2）: 152 – 169.
④ David, L. Hogeboom, Robert, J. McDermott, Karen, M. Perrin, et al., "Internet Use and Social Networking Among Middle Aged and Older Adults", *Educational Gerontology*, 2010, 36（2）: 93 – 111.
⑤ 吴欢：《虚拟社区与老年网民的社会参与——对上海老年门户网站"老小孩"的研究》，《新闻大学》2013 年第 6 期。

系产生积极或消极影响"的疑问,他们认为,使用互联网以进行社交互动、观看视频以及信息搜索是能够建构积极的人际关系。[①] 但观看色情网站和玩游戏不仅不能直接影响人际关系的积极发展,反而会导致不佳的人际关系效应。这种负向影响也反映在网络成瘾问题上,特别是网络游戏的成瘾对人际关系的破坏作用。[②] 此外,有学者也认为,互联网使用时间的增多会减少了个体现实社会互动的时间,减少面对面的社交参与,增强了孤独感和抑郁症,从而导致人际关系的恶化。[③]

在网络人际关系方面,有观点认为是对现实人际关系的延展,也有认为是对现实人际关系的疏离与弱化。[④] 但总体而言,网络人际关系是发生于网络空间中,人与人之间进行交往互动而建构的关系,这种关系源于现实人际关系,但又是对现实人际关系的影射与发展,并且还能转化为新的现实人际关系。[⑤] 另外,有研究指出,与实现人际关系质量相比,网络人际关系质量较为劣势。[⑥]

网络社会中的人际关系网结构出现了新的转变。[⑦] "近亲不如

[①] Lai, C. H., Lin, C. Y., Chen, C. H., et al., "Can Internet Usage Positively or Negatively Affect Interpersonal Relationship", *Advances in Intelligent Systems and Applications*, 2013, 20 (1): 373–382.

[②] Choi, T. S., An, J. Y., "The Effect of Psychological Environment of Home and Interpersonal Relationship Skills on Adolescents' Internet Game Addiction", *Journal of the Korean Society for Computer Game*, 2010.

[③] Dalbudak, E., Evren, C., Aldemir, S., et al. "Relationship of internet addiction severity with depression, anxiety, and alexithymia, temperament and character in university students", *Cyberpsychology Behavior & Social Networking*, 2013, 16 (4): 272–278.

[④] 刘珂、佐斌:《网络人际关系与现实人际关系一体论》,《云南师范大学学报》(哲学社会科学版) 2014 年第 2 期。

[⑤] 刘珂、佐斌:《网络人际关系与现实人际关系一体论》,《云南师范大学学报》(哲学社会科学版) 2014 年第 2 期。

[⑥] 吕剑晨、张琪:《网络与现实:人际关系的质量差异》,《应用心理学》2017 年第 1 期。

[⑦] 朱海龙:《人际关系、网络社会与社会舆论——以社会动员为视角》,《湖南师范大学社会科学学报》2011 年第 4 期。

远邻"的人际关系新范式得到表征，个体因为兴趣、共同的目标等因素会聚成小众化的虚拟社区，一起相互促进，建构基于弱关系为主，强关系为辅的新模式。① 当然，新兴社交媒体的出现更是加深了对人际关系的影响。王杨和陈作平对关系投入与回报的研究发现，微信中的社交关系网络不仅能够带来诸如信息、情感等即时的社交关系，还有助于培养得到社会认同、声誉等的长期社会关系报偿。② 这种新的社交平台是对网络社会中人际关系的重构。③

新媒体对于人际关系的变革在于将权力还给了个人，使个人成为信息传播的主体。个体使用互联网掌握了资源，得到了赋权，能够去寻找、建立与进入各自相适应的关系网络中，并在其中表露自我，对关系的状态进行评判，在维系已有关系的同时，也能够建立新的关系，抑或退出某种关系。这无疑表明新媒体让个体对于关系的掌控有了新的主动性。

在人际互动上，一方面新媒体提供了"共在"的场域，在人际互动中发挥着工具性作用，被用来进行自我表达与情感宣泄，分享人生的经验；④ 另一方面也作为"奔流的文本"，打破了时间和空间的限制，让人们能够实现异步对话。同时也提供了多样化的表达形式，如表情包、语音、视频等强化了人际互动中信息表达的丰富性。⑤

---

① 陈世华、黄盛泉：《近亲不如远邻：网络时代人际关系新范式》，《现代传播——中国传媒大学学报》2015年第12期。
② 王杨、陈作平：《微信社交网络中的关系资源投入与回报》，《现代传播——中国传媒大学学报》2017年第11期。
③ 刘昊：《微博对网络社会中人际关系的重构》，《新闻战线》2012年第10期。
④ 胡春阳：《寂静的喧嚣·永恒的联系：手机传播与人际互动》，上海三联书店2012年版。
⑤ 胡春阳：《寂静的喧嚣·永恒的联系：手机传播与人际互动》，上海三联书店2012年版。

对于人际关系而言，除了宏观上受到新媒体的影响外，还需要关注一个重要的微观层面：即具体维度下的人际关系拓展。人际关系从微观层面出发，主要包括亲子关系、朋友关系、恋人（浪漫）关系、陌生人关系等方面。在新媒体时代，这些具体关系也得到了新的发展。

在 Facebook 上，父母和孩子是作为平等个体互相交流的，这种通过虚拟空间而平等互动的方式，不仅能够促进亲子之间的感情交流，也同时有利于减少尴尬感。对于父母与孩子之间的沟通问题，互联网已经成为的新的积极方式。① 有研究者进一步将亲子关系细分为亲子关系亲密度、亲子关系冲突和亲子关系信任度与满意度。研究发现，互联网的使用对亲子关系质量的感知程度存在不同。对互联网依赖度越高，与父母发生冲突的可能性也就越高；使用互联网进行学习的行为越强，对父母的信任度和满意度越高；此外，互联网使用技能越高，亲子关系间的亲密度感知就越高。② 另外，在社交媒体中，子代会使用目的性剧本表演、分组可见等策略制造与父母的数字区隔，从而回避或减少代际冲突的发生。③ 由此可见，新媒体技术的出现，不仅提高了亲子之间的互动频率，能让相隔异地的父母和孩子拉近距离，强化亲子间的关系质量。

巴巴拉·M. 纽曼（Babara·M. Newman）通过对社交媒体影

---

① Kei, *The role of the Internet as a communication medium in parent-child relationship at the later stages of the family life cycle*, 4th EASP International Conference October, University of Tokyo, 2007, pp. 88 – 112.

② 郑路鸿：《互联网使用对城市家庭亲子关系质量的影响——来自湖南长沙的调查》，《湖南社会科学》2015 年第 3 期。

③ 朱丽丽、李灵琳：《基于能动性的数字亲密关系：社交网络空间的亲子互动》，《中国地质大学学报》（社会科学版）2017 年第 5 期。

响青少年同辈关系的研究发现，青少年使用社交媒体加强合作，建立和强化同伴团体的认同和联系，而这种经由新媒介带来的同伴/同群体的关系网络是建立在高度同质化和强关系链基础上的。① 这表明，新媒体的使用能够巩固固有核心关系。② 在社会新关系拓展上，微信起到了弱关系（陌生关系）生产与再生产的影响作用，③ 桥接了陌生/半熟关系网，从而建立了较广泛的社会关系网络，并强化了人际交往能力。④ 从以上文献可知，新媒体的使用对微观维度的社会关系网络具有强化与扩大作用，起到了强化强关系和建立弱关系的作用。⑤

麦克卢汉认为，媒介即人的延伸，其在一定程度上改变着人际依存模式。⑥ 新媒体技术的出现，的确对人际关系和人际互动的模式产生着巨大的影响。这种影响既有正向促进作用，也有反向消解效应。但总体上而言，可以说人际关系的发展与变革，新媒体技术是最大的"功臣"。综上研究所述，不论是作为宏观层面的人际关系，还是具体到微观视角的人际关系呈现（亲子关系/朋友关系/恋人关系……），都有了一定的研究发现。但综观以上研究可以发现，新媒体技术是人际关系"展演"的主要推动力，

---

① ［美］巴巴拉·M. 纽曼：《社交媒体影响青少年同伴关系：友谊、孤独感和归属感》，《中国青年研究》2014 年第 2 期。
② 廖圣清、申琦、韩旭：《手机短信传播与大学生社会网络的维护和拓展——基于深度访谈的探索性研究报告》，《新闻记者》2010 年第 11 期。
③ 郭瑾：《微信传播与社会关系建构：透视中产阶层》，《重庆社会科学》2015 年第 12 期。
④ 陈蜜：《社交媒体对大学生人际交往影响调查报告》，硕士学位论文，安徽大学，2014 年。
⑤ 金恒江、张国良：《微信使用对在华留学生社会融入的影响——基于上海市五所高校的调查研究》，《现代传播——中国传媒大学学报》2017 年第 1 期。
⑥ 胡春阳：《寂静的喧嚣·永恒的联系：手机传播与人际互动》，上海三联书店 2012 年版。

这无疑让我们想到了技术决定论的观点，认为技术是社会的关键统治力量，是社会变迁的决定因素，也是人们感知与社会互动方式发生变化的关键因素。① 但其实，除了技术本身带来的巨大转变外，仍还有许多的因素也在共同作用于人际交往的发展与变革，这其中自然也包括个体在使用新媒体技术所产生的社会心理因素。正所谓事物的发展是内外因共同作用的结果，但内因是根本原因，而外因仅是变化的条件。因此，我们在关注作为新媒体使用这个外在因素的同时，也需要将注意力放置在内因上，即新媒体使用的社会心理因素。

二 新媒体对社会资本的影响

社会资本（social capital）存在不同的概念化和操作化定义，许多学者依照不同的理论视角和方法论对社会资本做出了各自的诠释。② 最早对社会资本进行系统性阐述的是法国社会学家皮埃尔·布迪厄，他认为社会资本是"实际的或潜在的资源总和，是由社会关系本身和社会关系所带来的资源的数量和质量组成"③。这一定义强调的是一种与社会网络相关的结构性社会资本。④ 此

---

① 胡春阳：《寂静的喧嚣·永恒的联系：手机传播与人际互动》，上海三联书店2012年版。

② Vergeer, M., Pelzer, B., "Consequences of media and Internet use for offline and online network capital and well-being, A causal model approach", *Journal of Computer-Mediated Communication*, 2010, 15 (1): 189 – 210; 马志浩、吴玫：《通话中的农村与手机网络通讯的城市：移动传播与社会资本的基层图景》，《新闻大学》2018年第1期; Neves, B. B., "Social Capital and Internet Use: The Irrelevant, the Bad, and the Good", *Sociology Compass*, 2013, 7 (8): 599 – 611.

③ Bourdieu Pierre, *The Forms of Capital*, Handbook of Theory and Research for the Sociology of Education, 1986.

④ 徐煜：《新浪微博中的线上关系网络与社会资本获得：以国内新闻传播学术共同体的线上链接关系网络为例》，《新闻大学》2014年第4期。

后,在《独自打保龄球:美国社区的衰落与复兴》(The Collapse and Revival of American Community) 一书中,普特南(2000:19)提出了具有代表性的定义,他认为社会资本是个体之间的联系以及由此产生的互惠信任的价值规范。① 该定义表明了社会网络本身及其带来的影响是社会资本的组成部分。

尽管针对社会资本的概念存在不同的理解,但这些诠释仍然有共通的地方。Vergeer & Pelzer 认为,这些共同点在于关注人与人之间的关系。② 而个体人际关系又可依照亲密程度、互动频率与持续、互惠程度区分为强关系和弱关系。普特南将具有情感支持和实质性帮助的强关系型社会资本称为黏结型社会资本(bonding social capital),将异质性较强,交往较为宽泛与浅层的弱关系型社会资本作为桥接型社会资本(bridging social capital)。

新媒体的发展与使用给社会资本带来了较大的影响,这种影响也一直备受研究者的关注。③ 有学者认为,基于互联网的交往打破了传统现实交往的模式,使得人与人之间的沟通互动变得更加多元,更加便捷,但同时也带来了一定的问题,诸如面部表情、身体姿势等信息的传达缺失,所以新媒体技术的出

---

① 钟智锦:《互联网对大学生网络社会资本和现实社会资本的影响》,《新闻大学》2015 年第 3 期。

② Vergeer, M., Pelzer, B., "Consequences of media and Internet use for offline and online network capital and well-being, A causal model approach", *Journal of Computer-Mediated Communication*, 2010, 15 (1): 189 – 210; 马志浩、吴玫:《通话中的农村与手机网络通讯的城市:移动传播与社会资本的基层图景》,《新闻大学》2018 年第 1 期; Neves, B. B., "Social Capital and Internet Use: The Irrelevant, the Bad, and the Good", *Sociology Compass*, 2013, 7 (8): 599 – 611.

③ Wellman, Barry, Quan Haase, Anabel, Witte, James, et al., "Does the Internet increase, decrease, or supplement social capital? Social networks, participation, and community commitment", *American Behavioral Scientist*, 2001, 45 (3): 436 – 455; 赵曙光:《社交媒体的使用效果:社会资本的视角》,《国际新闻界》2014 年第 7 期。

现，使得基于现实交往的现实社会资本得到了改变。在虚拟空间中，通过互联网的联结，使得原本互相不认识的个体产生联系，建立关系，也能得到社会支持、社会认同，建构出网络社会资本。①

新媒体对社会资本的影响有不同的假设观点。在积极假设方面，存在增长假设（the increase hypothesis）、富者越富假设（the richer-get-richer hypothesis）和社会补偿性假设（the social compensation hypothesis）三种类型。② 增长假设认为，新媒体的使用能够较大程度地弥合个体之间的差距，打破个体交往的时间和空间限制。同时，新媒体的使用也能强化个体的传播能力和权力，让个体能以低成本和更灵活的方式参与。Lee & Lee 认为使用在线网络社区的用户比非网络社区用户更具社交性和更高水平的普遍规范。③ 同样地，Xie 也认为与不使用社交网站的青少年相比，使用社交网站的青少年更容易获得社会资本。④ 他们认为互联网的使用能够帮助社交关系的拓展和作为桥接沟通的填补，所以互联网并不会减少社会资本。⑤ 富者越富假设和社会补偿性假设的研究者都持肯定的观点，不同在于前者认为原本现实中

---

① Williams, B. N., "Perceptions of African American Male Junior Faculty on Promotion and Tenure: Implications for Community Building and Social Capital", *Teachers College Record*, 2006, 108 (2): 287 – 315.

② 徐煜：《新浪微博中的线上关系网络与社会资本获得：以国内新闻传播学术共同体的线上链接关系网络为例》，《新闻大学》2014 年第 4 期。

③ Lee & Lee, "The computer-mediated communication network: exploring the linkage between the online community and social capital", *new media & society*, 2010 (5): 711 – 727.

④ Xie, W., "Social network site use, mobile personal talk and social capital among teenagers", *Elsevier Science Publishers B. V.*, 2014.

⑤ Wellman, Barry, Quan Haase, Anabel, Witte, James, et al., "Does the Internet increase, decrease, or supplement social capital? Social networks, participation, and community commitment", *American Behavioral Scientist*, 2001, 45 (3): 436 – 455.

具有较高社会资源和社会整合能力的个体更能充分利用网络，通过网络产生更强大和丰富的社会资本，而后者则认为在现实中处于边缘区域的个体，通过网络低进入门槛、低使用成本的特质，能够补偿和赋予他们话语权与社会资源，从而实现社会资本的最大化。① 就目前整体研究而言，不论是网络社会资本，还是现实社会资本，新媒介的使用都能够产生积极的影响，带来社会资本的显著提升。②，这种表现也反映在不同文化情景下不同群体受到影响的一致性。③

但同时也需要指出的是，新媒介的使用方式对社会资本的影响是存在不同效应的。周懿瑾和魏佳纯通过比较了微信朋友圈中的两种使用行为后发现，评论对于个体的社会资本具有建构与强化作用，而点赞则没有积极显著影响。④ 此外，对于新媒体的不同形式，也存在一定的差异。浏览网页有助于网络弱关系和现实社会资本的提升，而收发电子邮件则对网络强关系的发展具有益处。⑤ 这进一步表明，新媒体的使用会对社会资本产生一定的影响，但并不能将之夸大或者笼统述之，而应该具体区别对待，毕竟不同形式的新媒体，个体间使用和对待的方式和心态不同。

---

① 徐煜：《新浪微博中的线上关系网络与社会资本获得：以国内新闻传播学术共同体的线上链接关系网络为例》，《新闻大学》2014年第4期。
② 王玲宁：《微信使用行为对个体社会资本的影响》，《新闻大学》2015年第6期；Campbell, S. W., Kwak, N., "Mobile communication and social capital: An analysis of geographically differentiated usage patterns", *New Media & Society*, 2013, 12 (3): 435 – 451。
③ 葛红宁、周宗奎、牛更枫等：《社交网站使用能带来社会资本吗？》，《心理科学进展》2016年第3期。
④ 周懿瑾、魏佳纯：《"点赞"还是"评论"？社交媒体使用行为对个人社会资本的影响——基于微信朋友圈使用行为的探索性研究》，《新闻大学》2016年第1期。
⑤ 钟智锦：《互联网对大学生网络社会资本和现实社会资本的影响》，《新闻大学》2015年第3期。

诚然，对于新媒体能够积极影响社会资本的观点，也有学者持不同的意见。① 他们认为个体沉迷于新媒体的使用，他们与家人、朋友交往的时间将减少，从而造成了社会资本的下降。这是一种对社会资本影响的"时间替换假设"（the time displacement hypothesis）。这一假设也得到了支持。Kraut, Patterson & Lundmark 等就曾认为互联网的使用会带来消极的后果，造成个体对公众生活的疏远和脱离。②

综上所述，新媒体技术对个体社会资本的影响，其研究成果已经相对较为丰富与成熟。一来针对新媒体使用进行不断解析，逐渐细化新媒体使用的不同类型对社会资本的影响，加深与细化了新媒体技术的影响维度。二来针对社会资本的解构，不同的学者从各自的研究面向对社会资本做出定义与测量，所得结论多元丰富。但综观目前现有研究，仍是一种技术决定论的视角，将新媒体技术视作社会资本消解或再造的直接巨大影响因素。当然，新媒体的发展，的确能对个体的社会资本产生不可小觑的影响，但需要再思考和审视的是，除了从技术决定论和传统文化决定论的视角来阐释个体社会资本的建构或消解外，新媒体使用的社会心理学视角是否应该作为区别于这二者最重要的影响因素。因此，本书将遵循这一新的阐释路径，从新媒体使用的社会心理学视角，去探寻作为个体交往方面重要维度之一的社会资本所受到的影响。

---

① Nie, N., Erbring, L., *Internet and society: A preliminary report*, IT & Society, 2002, 1: 275 – 283.

② Kraut, Robert, Patterson, Michael, Lundmark, Vicki, et al., Internet paradox: A social technology that reduces social involvement and psychological well-being? *Am Psychol*, 1998, 53 (9): 1017 – 1031; 曾凡斌：《互联网使用方式与社会资本的关系研究——兼析互联网传播能力在其间的作用》，《湖南师范大学社会科学学报》2014 年第 4 期。

三 乡村居民的新媒体采纳及影响

互联网的出现被认为是农村居民与世界联系的重要机遇。由于互联网的出现，原本相对较为闭塞的农村也可以通过互联网的接入，进而实现与整个世界的沟通联络。① 由于在互联网建设早期，有限的互联网基础设施和网络资源难以兼顾到所有的地区，因此互联网的建设呈现明显的二元格局，即在发达国家和地区，互联网普及率更高以及城市的互联网使用情况更普遍，而相对欠发达的国家和地区以及农村的互联网普及率较低。这种信息接入以及互联网使用上的差异也被称为数字鸿沟。② 一些学者认为数字鸿沟的解决，当务之急就是加大基础设施建设，提高计算机设备的购置率和互联网接入率。③ 因此一些学者认为伴随着财政支出的不断增加以及整个社会的不断进步，这种差异也会不断地缩小。④

时至今日，互联网进入中国已经超过二十年。技术早已不再是限制互联网发展的瓶颈，由于技术原因或缺乏上网设备所导致的无法上网的因素仅占不上网总原因的8%（中国互联网络信息中心，2017）。⑤ 但是，与其他社会方面和城市有着巨大差异一样，农村的互联网

---

① Allen, J. C., Dillman, D. A., "Against all odds: rural community in the information age", *American Journal of Sociology*, 1994; Grimes, S., "Rural areas in the information society: diminishing distance or increasing learning capacity?", *Journal of Rural Studies*, 2000, 16 (1): 13–21.

② Joseph, R., "Understanding the digital divide", *Prometheus*, 2001, 19 (4): 333–336; Van Dijk, J. A. G. M., "Digital divide research, achievements and shortcomings", *Poetics*, 2006, 34 (4): 221–235.

③ Kenny, C., "Expanding internet access to the rural poor in Africa", *Information Technology for Development*, 2000, 9 (1): 25–31.

④ Compaine, B. M., *The digital divide: facing a crisis or creating a myth?* Boston, MA: MIT Press, 2001.

⑤ 中国互联网络信息中心（2017年1月22日）：《中国互联网络发展状况统计报告》，上网日期：2017年1月22日，取自 http://www.woshipm.com/it/578938.html。

使用情况仍然与城市存在着明显的差异。根据 CNNIC2017 年初发布的报告，截至 2016 年 12 月，中国的农村网民仅为 2.01 亿人，互联网普及率仅为 33%，这一数字远低于城市的 69.1%，两者相差 36.1%。同样，根据 CNNIC2016 年发布的《农村互联网发展状况研究报告》，农村网民使用即时通信软件的比例同样低于城市用户。这就意味着使用微信等即时通信软件的农村居民的比例不足城市居民比例的一半。

既然技术早已不再作为一项瓶颈限制中国农村居民互联网的使用，那么导致中国农村居民互联网使用和以微信为代表的即时通信软件使用情况较低的原因又是什么？Harwit 对于中国进行的电信业与数字鸿沟问题进行了研究，他认为经济发展水平、使用者的观念与受教育水平都制约着互联网在农村的普及。[①] 另外，郝晓鸣等人认为，相较于传统媒体，互联网的复杂程度更高，以及农民相对缺乏计算机素养是中国农村互联网普及情况较低的重要原因之一。[②] 在这些研究中我们发现，技术已经不再单纯作为一项限制中国农村互联网使用的原因而存在。

换言之，正如主张"数字鸿沟再定义（Redefining the Digital Divide）"的学者所言，互联网的使用差距不仅是经济发展水平和信息技术差距等容易量化的因素所导致的，其应该被认为是社会、心理、技术等因素综合所导致的结果。[③] 沿着这一条路径，

[①] Harwit, E., "WeChat: social and political development of China's dominant messaging app", *Chinese Journal of Communication*, 2016: 1 – 16.

[②] 郝晓鸣、赵靳秋：《从农村互联网的推广看创新扩散理论的适用性》，《现代传播——中国传媒大学学报》2007 年第 6 期。

[③] Hargittai, E., "Second-level digital divide: differences in people's online skills", *First Monday*, 2002, 7 (4): N/A; Ghobadi, Z., "How access gaps interact and shape digital divide: a cognitive investigation", *Behaviour & Information Technology*, 2015, 34 (4): 330 – 340.

学者张明新和韦路针对中国湖北农村地区进行了调查，调查显示尽管拥有了互联网，但是相当一部分的农村居民并不具备互联网的相关知识，知识的匮乏成为限制互联网在农村发展的重要原因。① 无独有偶，Ting 在针对中国广东农村居民的研究中指出与互联网用户相比，不上网的农村居民往往认为使用互联网并不会带给他们更多的好处（benefits）。这些研究结果有力的指出中国的农村互联网发展问题绝不单纯是技术的问题，更是一个融合观念、心理和教育等因素的社会问题。② 此外，2017 年企鹅智酷（Penguin Intelligence）发布的《2017 微信用户＆生态研究报告》同样令我们深思。这份报告指出今天社会微信不再单纯只是拓展和维系社交的工具，微信的使用已经被深深地嵌入了商业因素。在微信逐渐从熟人社交转变为泛关系社交的节点上，城市用户往往更加倾向于通过微信进行泛工作关系的交际，职业交际开始成为微信社交中重要的一环。而在城乡二元结构明显的中国，农村地区严重缺乏第二产业和第三产业，农村居民由于职业原因进行泛工作关系的交际而进行微信使用的可能性微乎其微。

因此，在这一背景之下探讨中国农村居民使用互联网的原因也就尤为必要，我们不仅要了解"农村居民为何不使用互联网"，更要了解"农村居民为何使用互联网"。除了罗杰斯（Rogers）所提出的技术从"创新者（Innovators）"向"滞后者（Laggards）"的流动之外，究竟还有哪些因素推动着中国互联网的普及以及即时通信软件的推广？可惜的是，当前学界对于中国农村居民互联

---

① 张明新、韦路：《知识、态度与乡村社会的家庭互联网采纳》，《传播与社会学刊》2009 年第 10 期。
② Ting, C., "The role of awareness in internet non-use", *Information Development*，2016，7（3）：147–154.

网以及即时通信软件使用原因的研究相当匮乏。在为数不多的研究中，中国学者叶明睿从互动符号理论这一视角对于中国农村居民使用互联网的情况进行了深入研究，叶明睿从既有知识、负担能力、子女考量、自身技能和切身需求几个方面对于中国农村居民的互联网情况进行了解读。研究结果表明中国农村居民对于互联网存在着认识模糊不清，甚至存在着一些错误认识的情况。中国农村居民对于互联网这一新事物的接纳往往将其和"有用""没用"相关联。在互联网开始逐渐嵌入到生活的时候，通过互联网的使用可以帮助他们了解农业市场的变化以及联系远在外地的子女和亲人，在这种情况下，他们开始尝试使用互联网。互联网的使用可以有效地使得他们感知自己与世界的联系，而这也成为了他们使用互联网的最初原因。①

四 新媒体与乡村人际交往研究

新媒体对乡村社会的嵌入，在改变着乡村社会结构的同时，也影响着乡村社会的日常生活方式。人际交往（关系）作为乡村社会秩序得以维系的重要纽带，② 是乡村社会结构中最原始和关键的组成部分，也是乡村日常生活中最传统与直接的连接和互动、沟通方式。因此其自然也会受到新媒体技术的影响，扩展了乡村人际交往的空间，改变了乡村社会交往的观念。③ 带来对乡村社会传统人际交往方式和关系建构、维系与质量的重构与解构

---

① 叶明睿：《扩散进程中的再认识：符号互动视阈下农村居民对互联网认知的实证研究》，《新闻与传播研究》2014 年第 4 期。
② 冯广圣：《一种特殊的人际传播：闲话传播——基于桂东南 L 村的实地考察》，《国际新闻界》2012 年第 4 期。
③ 刘宇航：《乡土传统与传播技术的协商——互联网时代乡村社会交往的思考》，《青年记者》2016 年第 11 期。

效应。就现有研究来看，新媒体对乡村人际交往的影响并不是一味的正向"高歌"，也存在弱化甚至没有影响的讨论。

新媒体技术对乡村社会人际交往的介入，首先影响最深远的是对乡村家庭内部互动结构与模式的改变。① 作为乡村初级群体的家庭成员，社交媒体对这种强关系圈的交往行为起到了交往频率和质量效果上的显著提升。② 这种表现尤其在因家庭成员的空间距离被拉大而无法面对面交流时表现得更加明显与强烈。其次是村民个体的关系网络建构上，社交媒体的使用扩大了乡村居民的人际交往方式和人际交往范围，提高了人际交往频率，③ 同时对乡村居民社会资本的建构与维系也起着重要的作用。④ 最后表现在对乡村权力关系的解构上，与传统的乡村人际交往比较，乡村年轻人更依赖于新媒体技术进行交往活动，拥有了更便捷的获取社会经验与知识的途径，剥离了乡村中老人与精英的传统权威，⑤ 让他们在村里的日常交往中获得了新的话语高度。⑥

但另一方面，有研究也持负向效应，新媒体技术的出现，也会

---

① 刘宇航：《乡土传统与传播技术的协商——互联网时代乡村社会交往的思考》，《青年记者》2016 年第 11 期。

② 卫欣、张卫：《社会化媒体视域下乡村初级群体的交往行为研究》，《南京社会科学》2017 年第 9 期。

③ 韩敏：《社交媒体对农村青年人际传播的影响》，硕士学位论文，华中师范大学，2015 年。

④ Stern, M. J., Adams, A. E., "Do rural residents really use the Internet to build social capital? An empirical investigation", *American Behavioral Scientist*, 2010, 53（9）: 1389 - 1422；马志浩、吴玫：《通话中的农村与手机网络通讯的城市：移动传播与社会资本的基层图景》，《新闻大学》2018 年第 1 期。

⑤ 王海森：《新媒介视域下乡村社会交往变迁——基于皖北孙岗村研究》，硕士学位论文，安徽大学，2016 年。

⑥ 刘展：《媒介场景中的农村社会交往——对姜东村的田野调查》，《当代传播》（汉文版）2017 年第 4 期。

让乡村家庭成员花费更多的时间在虚拟网络中而导致家庭成员间的有效沟通逐渐越少。① 这种负向的表现,尤其体现在两种关系的改变上。一种是邻里关系的维系,传统乡土社会中,邻里间的关系靠互相走动与帮助而变成强关系,而社交媒体的发展,出现"群"与"圈"的线上场域,这打破了传统拜访而建构的关系,使得邻里关系的发展出现了"外围塌陷"的危机,面临着周边关系成为"熟悉的陌生人"。② 另一种是"村里人"与"村外陌生人"之间关系的构建,王海森认为不能夸大新媒介的作用,乡村社会中的村民与外界陌生人间的情感联结与关系的发展并不仅仅依赖于新媒体的线上交往而达到甚至加深。③ 但针对以上两种负向效应,也有学者持不同意见,他们认为新媒体技术不仅加强了邻里关系,将半熟人社会转变为熟人社会,④ 还实现了村落内部与村落外部的"勾连"。⑤

总而言之,中国乡村社会的人际交往被置于新媒介技术语境中,已然得到了一些发现,但研究成果并不丰富与多元。综观上述研究,可以发现:第一,质性研究是揭示乡村人际交往的主要方法,虽然深入访谈和民族志可以更加具体地揭示新媒体技术对乡村人际交往的内在机理,但量化研究可以在此基础上更加具体

---

① 罗江琴:《新媒体与乡村人际交往——鹤庆县逢密白族村的个案研究》,硕士学位论文,云南大学,2016年。
② 卫欣、张卫:《社会化媒体视域下乡村初级群体的交往行为研究》,《南京社会科学》2017年第9期。
③ 王海森:《新媒介视域下乡村社会交往变迁——基于皖北孙岗村研究》,硕士学位论文,安徽大学,2016年。
④ 牛耀红:《在场与互训:微信群与乡村秩序维系——基于一个西部农村的考察》,《新闻界》2017年第8期。
⑤ 孙信茹:《微信的"书写"与"勾连"——对一个普米族村民微信群的考察》,《新闻与传播研究》2016年第10期。

地揭示新媒体对乡村人际交往的路径和影响机制。所以，为了使乡村人际交往的研究更加具有多元化视角，也为了更加具体与直接、系统地揭示新媒体对乡村人际交往的影响路径，本书主体结构上采用量化研究（问卷调研）的方法加以继续讨论。第二，上述研究中，新媒体技术的嵌入与使用对乡村人际交往的影响是一条相对较为成熟的研究路径，但这一路径存在的问题是过于关注新媒体技术带来的影响，带有较强技术决定论（technological determinism）的视角和意味，缺乏从社会心理学视角的阐释。当然，传统社会学或心理学研究中也会从个体人格、自尊等心理角度有所讨论，但这些心理因素更多集中于个体内在的性格特征上，缺乏对媒介使用的心理感知因素的关照与讨论。

第三节　社会临场感对媒介使用与人际交往的影响

一　社会临场感对媒介使用的影响

正如 Short, Williams 和 Christie 所言，在线技术形成的社会临场感，是用户接纳和使用互联网产品的重要原因之一。[①] 数字技术打破了传统地理空间的限制，实现了跨距离的信息传递。信息的跨距离传递为用户构建出了"虚拟的在场"环境，使用户可以在线感知他人的存在，同时形成一种较为亲密的在线氛围。这种在线氛围不仅能够影响民众对互联网产品的使用，更能够潜移默化的影响现实社会的人际关系。

---

① Short, J., Williams, E., Christie, B., "The social psychology of telecommunications", *Contemporary Sociology*, 1976, 7 (1): 32.

费坚和胡涛从社会心理学视角出发，讨论了促使社交媒体用户形成使用习惯的因素。① 研究结果显示，用户新媒体使用的原因包括价值目的、情感和心理期望等一系列社会心理因素。Han，Min 和 Lee 的研究更近一步，指出这种社会心理因素与社会临场感相勾连。用户使用过程中所感受到的心理参与、共在意识与亲密性是预测用户对社交媒体"使用与满足"的重要因素，并能够显著影响用户的社交媒介使用。② 不过，正如 Short，Williams 和 Christie 三位学者所言，不同的媒介给用户带来的社会临场感程度并不完全一致。而社会临场感的程度高低也可以显著影响用户的媒介使用行为，例如回馈效率较高的媒介能够产生较多的社会临场感，并且可以显著地积极影响用户的媒介使用行为。③

在新媒体环境下，社会临场感对社交媒介使用的影响似乎更加显著。例如中国学者叶明睿通过对农村用户的调查结果显示中国农村居民在社交媒介的使用上有着明显的目的性。这种目的性体现在他们更希望在微信使用中实现某些需求，如与远方的子女联络，或是获取与农业生产有关的信息等方面。互联网的快速回馈特性，恰好满足了中国农民对联络沟通的现实需求，影响了中国农村居民对互联网媒介的使用。④ 这也就意味着，无论在西方

---

① 费坚、胡涛：《新媒体使用习惯及其影响的实证研究——基于社会心理学的视角》，《浙江学刊》2015 年第 6 期。
② Han, S., Min, J., Lee, H., "Antecedents of social presence and gratification of social connection needs in sns: a study of twitter users and their mobile and non-mobile usage", International Journal of Information Management, 2015, 35 (4): 459 – 471.
③ Gunawardena, C. N., "Social presence theory and implications for interaction and collaborative learning in computer conferences", International journal of educational telecommunications, 1995, 1 (2): 147 – 166.
④ 叶明睿：《扩散进程中的再认识：符号互动视阈下农村居民对互联网认知的实证研究》，《新闻与传播研究》2014 年第 4 期。

还是中国，拥有较高社会临场感的媒介，受众更倾向于接纳和使用。而与之相反，社会临场感较低的媒介，人们的使用情况往往不容乐观。①

社会临场感理论的出现为学者们理解和解释媒介使用行为提供了重要的思路。其强调了人们对于媒介的使用并非是简单的"刺激—反应"模式，而是在其中有着社会临场感作为媒介知晓和媒介使用之间的重要中介，从而为人们理解媒介使用行为提供了社会心理学视角。同样，这一理论不仅有助于我们思考媒介的使用行为，更有助于我们理解新媒体时代发生的一系列社会变化。今天的社会，"在场而不交流"和"不在场而交流"之所以成为可能，很大程度上源自社会临场感在社交媒介中的体现。② 媒体近些年宣扬的人际关系冷漠，只不过是当代社交媒介用户将原本在现实中的社交转移到了能够提供心理参与感、共在意识与亲密感的互联网媒介上。

二 社会临场感对人际交往的影响

媒介的社会临场感越高，则表明该媒介具有较高的社交性和亲密性。也就是说，社会临场感涉及媒介允许个体用户与其他用户建立人际联系的程度。该理论假定传播媒介具有不同程度的社会临场感，而这种差异是用户用来确定交往方式的一项重要衡量指标。③ 也正是

---

① DeSchryver, M., Mishra, P., Koehleer, M., Francis, A., "Moodle vs. facebook: Does using Facebook for discussions in an online course enhance perceived social presence and student interaction?", *Proceedings of the society for information technology & teacher education international conference*, March, 2009, 1: 329–336, Retrieved from http://www.editlib.org/noaccess/30612/.

② 张杰、付迪:《在场而不交流? 移动网时代的人际交往新情境建构》，《国际新闻界》2017年第12期。

③ 吕洪兵:《B2C网店社会临场感与粘性倾向的关系研究》，光明日报出版社2013年版。

基于此，这一理论也逐渐被运用于基于媒介技术的人际交往研究中。

有学者通过对在线学习环境中互动行为的研究，认为社会临场感与人际关系之间存在互补的关系，社会临场感能够带来人际关系的建构与改善，对促进人际交往和互动社交过程都有支持作用。① 同时社会临场感对于小组沟通质量也起到了积极的影响。② 另外，这一观点也得到了挑战。有研究者从认知（cognitive）、社交（social）、网络连接（networking）和融合（integration）四个维度衡量了开放网络学习环境（ONLE）互动，发现社会临场感对开放网络学习环境（ONLE）互动的认知和社交维度具有预测作用，但对网络连接和融合维度没有显著影响。这也表明，在开放网络学习环境（ONLE）和计算机中介式传播（CMC）中社会临场感对社交互动具有不同的效应。③

此外，在微观层面，社会临场感也发挥着一定的正向引导作用。作为在媒介技术传播中的新方式，社会临场感能够与亲密性建立良好的影响关系，并促进关系的亲密发展。④ 另外，也有研

---

① Kehrwald, "Social presence and online communication: A response to mersham", *Journal of Open, Flexible, and Distance Learning*, 2010, 14（1）: 29 – 46; Tu, C. H., McIsaac, M., "The relationship of social presence and interaction in online classes", *The American Journal of Distance Education*, 2002, 16（3）: 131 – 150.

② Lowry, P. B., Roberts, T., Romano, Jr. N. C., Cheney, P. D., Hightower, R. T., "The impact of group size and social presence on small-group communication: Does computer-mediated communication make a difference?", *Social Science Electronic Publishing*, 2006, 37（6）: 631 – 661.

③ Tu, C. H., Yen, C. J., Blocher, J. M., et al., "A Study of the Predictive Relationship Between Online Social Presence and ONLE Interaction", *International Journal of Distance Education Technologies*, 2012, 10（3）: 53 – 66.

④ Gooch, D., Watts, L., "Up close and personal: Social presence in mediated personal relationships, Paper presented at 25th BCS conference on human-computer interaction", British, 2011, July; Gooch, D., Watts, L., "Social presence and the void in distant relationships: How do people use communication technologies to turn absence into fondness of the heart, rather than drifting out of mind?", *AI Society*, 2014, 29（4）: 507 – 519.

究表明，社会临场感与社会资本有着密切的联系，尤其是社会临场感与桥接型社会资本的关系，① 这一观点认为社会临场感更多地与弱关系之间的沟通联系在一起，而不是强关系。

综上，我们发现社会临场感与人际交往的关系研究已有一定的学术成果，但综观文献，不难发现目前的研究基本都是围绕在线（网络）教育/学习环境而加以探索，结论也仅在于支持远程教育模式或者教师与学生之间关系与互动的讨论，属于教育心理学的范畴。在媒介技术发达的今天，基于新媒介技术而建立的人际联系成为一种常见现象，而对此的研究也是百家争鸣，但都落入技术决定论的视角，我们不可否认技术给个体带来的改变，但在考虑技术决定的同时，也需要考虑经由媒介建构而产生的社会心理因素。况且，在新媒体盛行的今天，使用新媒介技术成为了一种常态，将这一社会心理学理论应用于研究基于新媒体（社交媒体）技术而产生的人际交往现象更具时代意义。

---

① Oztok, M., Zingaro, D., Makos, A., Brett, C., Hewitt, J., "Capitalizing on social presence: The relationship between social capital and social presence", *Internet & Higher Education*, 2015, 26: 19–24.

第二章 变量设置与测量

第一节 新媒体使用测量

一 乡村居民的社交网络使用模式

根据林功成、李莹和陈锦芸①以及韦路、陈稳②的研究,共采用 10 个题项加以测量。测量题项全部采用 5 级李克特（1 - 非常不同意,5 - 非常同意）。测量题如下：

表 2 - 1　　乡村居民的社交网络使用模式测量

构念	测向度
乡村居民的社交网络使用模式	我不常在社交网络上讲述关于自己的事情（反向赋值）
	我不常在社交网络上呈现自己的信念或意见（反向赋值）
	当我在社交网络上表达感受时,我很清楚自己在做什么和在说什么
	在社交网络中与好友一起玩网络游戏
	在社交网络中观看搞笑视频

---

① 林功成、李莹、陈锦芸：《大学生的社交焦虑、自我表露与网上互动——对微博社交行为的路径分析》,《青年研究》2016 年第 4 期。

② 韦路、陈稳：《城市新移民社交媒体使用与主观幸福感研究》,《国际新闻界》2015 年第 1 期。

续表

构念	测向度
乡村居民的社交网络使用模式	通过社交网络收听感兴趣的音乐
	在社交网络中获取搞笑段子
	在社交网络中分享照片、视频、图片等
	上网搜索新闻事件或话题
	转发信息给好友，或分享到微信、QQ 等社交媒体群里

研究对于十个测量题项做探索性主成分因子分析，并采用具有 Kaiser 标准化的正交旋转法进行旋转，共析出三个因子。

表 2 – 2　　乡村居民社交网络使用模式的因子分析

测量题项	因子载荷		
	因子 1	因子 2	因子 3
我不常在社交网络上讲述关于自己的事情	0.18	0.82	0.12
我不常在社交网络上呈现自己的信念或意见	0.07	0.87	0.02
当我在社交网络上表达感受时，我很清楚自己在做什么和在说什么	0.16	0.60	0.10
在社交网络中与好友一起玩网络游戏	0.12	0.17	0.73
在社交网络中观看搞笑视频	0.14	0.16	0.75
通过社交网络收听感兴趣的音乐	0.13	0.15	0.76
在社交网络中获取搞笑段子	0.13	0.18	0.72
在社交网络中分享照片、视频、图片等	0.74	0.09	0.10
上网搜索新闻事件或话题	0.68	0.18	0.11
转发信息给好友，或分享到社交网络群里	0.69	0.16	0.14
解释的方差	15.2%	18.6%	24.06%

提取方法：主成分
旋转法：具有 Kaiser 标准化的正交旋转法

a. 旋转在 5 次迭代后收敛

依旋转后各题项的因子载荷大小，我们将三个因子分别命名为"网络信息分享""网络自我表露"和"网络娱乐活动"。

网络信息分享（Cronbach's α = 0.70）包含"在社交网络中分

享照片、视频、图片等""上网搜索新闻事件或话题""转发信息给好友,或分享到社交网络群里"三个测量题项。

网络自我表露(Cronbach's α = 0.74)包括"我不常在社交网络上讲述关于自己的事情""我不常在社交网络上呈现自己的信念或意见""当我在社交网络上表达感受时,我很清楚自己在做什么和在说什么"三个测量题项。

网络娱乐活动(Cronbach's α = 0.82)包括"在社交网络中与好友一起玩网络游戏""在社交网络中观看搞笑视频""通过社交网络收听感兴趣的音乐""在社交网络中获取搞笑段子"四个测量题项。

因子分析的 KMO 值是 0.89,检验的 sig 值为 0.00,三个因子总共解释了 57.8% 的方差。

二 乡村居民的网络交往动机

根据迟新丽的研究,[①] 共采用九个题项加以测量。测量题项全部采用 5 级李克特(1 - 非常不同意,5 - 非常同意)。测量题如下:

表 2 - 3　　　　　乡村居民的网络交往动机测量

构念	测向度
乡村居民的网络交往动机	在社交网络中的发表个人见解
	让网友感受到自己的魅力
	在社交网络中的展示自我智慧
	与社交网络中的好友谈论情感性问题
	找社交网络中的好友聊天,寻求感情慰藉
	获得最新的农业/商业/社会资讯

---

① 迟新丽:《大学生网络交往动机问卷编制及相关问题研究》,硕士学位论文,西南大学,2009 年。

续表

构念	测向度
乡村居民的网络交往动机	心情不好时向社交网络中的好友宣泄情绪
	得到更多的获利机会或资源
	得到更多的认同

研究对于九个测量题项做探索性主成分因子分析，并采用具有 Kaiser 标准化的正交旋转法进行旋转，共析出两个因子。

表 2-4 乡村居民的网络交往动机因子分析

测量题项	因子载荷	
	因子1	因子2
在社交网络中的发表个人见解	0.76	0.13
让网友感受到自己的魅力	0.80	0.10
在社交网络中的展示自我智慧	0.81	0.10
获得最新的农业/商业/社会资讯	0.70	0.08
得到更多的获利机会或资源	0.73	0.15
与社交网络中的好友谈论情感性问题	0.14	0.82
找社交网络中的好友聊天，寻求感情慰藉	0.10	0.85
心情不好时向社交网络中的好友宣泄情绪	0.17	0.81
得到更多的认同	0.26	0.76
解释的方差	28.7%	25.9%

提取方法：主成分
旋转法：具有 Kaiser 标准化的正交旋转法

a. 旋转在 3 次迭代后收敛

依旋转后各题项的因子载荷大小，我们将两个因子分别命名为"工具性网络交往动机"和"情感性网络交往动机"。

工具性网络交往动机（Cronbach's $\alpha = 0.82$）包含"在社交网络中的发表个人见解""让网友感受到自己的魅力""在社交网络中的展示自我智慧""获得最新的农业/商业/社会资讯"和"得到更多的获利机会或资源"五个测量题项。

情感性网络交往动机（Cronbach's α = 0.82）包括"与社交网络中的好友谈论情感性问题""找社交网络中的好友聊天，寻求感情慰藉""心情不好时向社交网络中的好友宣泄情绪"和"得到更多的认同"四个测量题项。

因子分析的 KMO 值是 0.91，检验的 sig 值为 0.00，两个因子总共解释了 54.6% 的方差。

三 乡村居民的网络人际交往投入

网络人际交往投入为受众使用网络与他人交往的时长和频率情况。通过自设三个测量题项对乡村居民的网络人际交往投入加以测量。测量题项全部采用 5 级李克特（1 – 非常不同意，5 – 非常同意）。测量题包括："我每天花费较多时间与社交网络中的好友聊天""我每天在社交网络中与好友交往的时间多于工作/学习的时间"和"我每天与社交网络中好友交流的次数较多"三个测量题项。

研究对于三个测量题项做探索性主成分因子分析，并采用具有 Kaiser 标准化的正交旋转法进行旋转，共析出一个因子。

表 2-5　　乡村居民的网络人际交往投入因子分析

测量题项	因子载荷
我每天花费较多时间与社交网络中的好友聊天	0.87
我每天在社交网络中与好友交往的时间多于工作/学习的时间	0.86
我每天与社交网络中好友交流的次数较多	0.85
解释的方差	73.9%

提取方法：主成分
a. 已提取了 1 个成分

乡村居民的网络人际交往投入变量的 Cronbach's α = 0.83。因子分析的 KMO 值是 0.72，检验的 sig 值为 0.00，两个因子总共解释了 73.9% 的方差。

第二节 新媒体使用的心理因素测量

一 社会临场感

根据 Hassanein, K. & Head[①] 和 Lu, Fan & Zhou[②]、Gao, Liu & Li[③] 以及社会临场感的内涵,共采用十个测量题项加以测量。测量题项均采用5级李克特（1-非常不同意,5-非常同意）。测量题项如下:

表 2-6　　　　　　　　社会临场感的测量

构念	测向度
社会临场感	社交网络中有一种与人交流的感觉
	我感觉社交网络就像人一样,有一种真实感
	社交网络中有一种社会交往的感觉
	社交网络有一种人类的温暖感
	社交网络就像人一样,有一种知觉感
	我、社交网络和其他相关各方之间存在一种亲近感
	社交网络和其他相关各方会密切关注我
	我会密切关注社交网络和其他相关各方
	我能感知到社交网络和其他相关各方的存在
	我感觉在社交网络中有人在接近我

---

① Hassanein, K., & Head, M., "Manipulating perceived social presence through the web interface and its impact on attitude towards online shopping", *International Journal of Human-Computer Studies*, 2007, 65 (8): 689–708.

② Lu, B., Fan, W., & Zhou, M., "Social presence, trust, and social commerce purchase intention: An empirical research", *Computers in Human Behavior*, 2016, 56: 225–237.

③ Gao, W., Liu, Z., & Li, J., "How does social presence influence SNS addiction? A belongingness theory perspective", *Computers in Human Behavior*, 2017, 77: 347–355.

研究对于十个测量题项做探索性主成分因子分析,共析出一个因子,得到的成分矩阵如下。

表 2-7　　　　　　　　　　社会临场感因子分析

测量题项	因子载荷
社交网络中有一种与人交流的感觉	0.65
我感觉社交网络就像人一样,有一种真实感	0.66
社交网络中有一种社会交往的感觉	0.69
社交网络有一种人类的温暖感	0.70
社交网络就像人一样,有一种知觉感	0.65
我、社交网络和其他相关各方之间存在一种亲近感	0.67
社交网络和其他相关各方会密切关注我	0.68
我会密切关注社交网络和其他相关各方	0.69
我能感知到社交网络和其他相关各方的存在	0.68
我感觉在社交网络中有人在接近我	0.71
解释的方差	46.5%

提取方法:主成分

a. 已提取了 1 个成分

社会临场感的 Cronbach's $\alpha = 0.87$。因子分析的 KMO 值是 0.90,检验的 sig 值为 0.00,因子总共解释了 46.5% 的方差。

二　情绪响应

(一) 愉悦度

根据 Mehrabian A 的研究,[①] 共采用 4 个题项加以测量。测量题项全部采用 5 级李克特(1-非常不符合,5-非常符合)。测量题包括:"社交网络能让我心情高兴""社交网络能让我开心""社交网络让我感觉很好""我在社交网络里玩得很开心"

---

① Mehrabian, A., "Framework for a comprehensive description and measurement of emotional states", *Genet Soc Gen Psychol Monogr*, 1995, 121 (3): 339 – 361.

四个题项。

研究对于四个测量题项做探索性主成分因子分析,并采用具有 Kaiser 标准化的正交旋转法进行旋转,共析出一个因子。

表 2-8　　　　　　　　　　愉悦度的因子分析

测量题项	因子载荷
社交网络能让我心情高兴	0.87
社交网络能让我开心	0.86
社交网络让我感觉很好	0.83
我在社交网络里玩得很开心	0.83
解释的方差	72.1%
提取方法:主成分	
a. 已提取了 1 个成分	

愉悦度的 Cronbach's $\alpha = 0.87$。因子分析的 KMO 值是 0.82,检验的 sig 值为 0.00,因子总共解释了 72.1% 的方差。

(二) 激活度

根据 Mehrabian A 的研究,[①] 共采用五个题项加以测量。测量题项全部采用 5 级李克特(1-非常不符合,5-非常符合)。测量题包括:"社交网络让我感到刺激""社交网络能让我兴奋""社交网络能让我对一些事情有新的理解""社交网络能让我头脑清醒"和"社交网络让我生活、工作等充满动力"五个测量题项。

研究对于五个测量题项做探索性主成分因子分析,并采用具有 Kaiser 标准化的正交旋转法进行旋转,共析出一个因子。

激活度的 Cronbach's $\alpha = 0.84$。因子分析的 KMO 值是 0.82,

---

① Mehrabian, A., "Framework for a comprehensive description and measurement of emotional states", *Genet Soc Gen Psychol Monogr*, 1995, 121 (3): 339-361.

检验的 sig 值为 0.00，因子总共解释了 61.5% 的方差。

表 2-9　　　　　　　　　激活度的因子分析

测量题项	因子载荷
社交网络让我感到刺激	0.84
社交网络能让我兴奋	0.84
社交网络能让我对一些事情有新的理解	0.60
社交网络能让我头脑清醒	0.81
社交网络让我生活、工作等充满动力	0.81
解释的方差	61.5%
提取方法：主成分	
a. 已提取了1个成分	

第三节　乡村居民人际交往测量

一　乡村居民的网络人际互动效果

（一）乡村居民的网络人际互动质量

根据 McMillan & Hwang[①] 和 Kim, Song & Luo[②] 的研究，共采用7个题项加以测量。测量题项全部采用5级李克特（1-非常不同意，5-非常同意）。测量题包括："我能在社交网络中获取或发布信息""我在社交网络中主动地参与交流、评论""在社交网络中，我会与其他人分享信息""在社交网络上，我进行了有效

---

① Mcmillan, S. J., & Hwang, J. S., "Measures of perceived interactivity: An exploration of the role of direction of communication, user control, and time in shaping perceptions of interactivity", *Journal of Advertising*, 2002, 31 (3): 29-42.

② Kim, J., Song, H., & Luo, W., "Broadening the understanding of social presence: Implications and contributions to the mediated communication and online education", *Computers in Human Behavior*, 2016, 65: 672-679.

的沟通""在社交网络上，我对人与人之间的交流更满意""在社交网络上，人与人之间传播的信息更真实""通过社交网络，人与人之间的交流更便捷，更深入"。

研究对于七个测量题项做探索性主成分因子分析，并采用具有 Kaiser 标准化的正交旋转法进行旋转，共析出两个因子。

表 2-10 乡村居民的网络人际互动质量因子分析

	成分	
	因子 1	因子 2
我能在社交网络中获取或发布信息	0.83	0.02
我在社交网络中主动地参与交流、评论	0.64	0.34
在社交网络中，我会与其他人分享信息	0.80	0.19
在社交网络上，我进行了有效的沟通	0.64	0.39
在社交网络上，我对人与人之间的交流更满意	0.31	0.75
在社交网络上，人与人之间传播的信息更真实	0.04	0.86
通过社交网络，人与人之间的交流更便捷，更深入	0.28	0.77
解释的方差	33.7%	31.7%

提取方法：主成分
旋转法：具有 Kaiser 标准化的正交旋转法

a. 旋转在 3 次迭代后收敛

依旋转后各题项的因子载荷大小，我们将两个因子分别命名为"网络人际参与"和"感知交流效率"。其中网络人际参与（Cronbach's α = 0.78）包含"我能在社交网络中获取或发布信息""我在社交网络中主动地参与交流、评论""在社交网络中，我会与其他人分享信息"和"在社交网络上，我进行了有效的沟通"四个题项；感知交流效率（Cronbach's α = 0.77）包括"在社交网络上，我对人与人之间的交流更满意""在社交网络上，人与人之间传播的信息更真实"和"通过社交网络，人与人之间的交流更便捷，更深入"三个测量题项。因子分析的 KMO 值是 0.84，检验的 sig 值为 0.00，两个因子总共解释了 65.4% 的方差。

（二）乡村居民的网络人际互动强度

根据网络人际互动的定义，即在网络中与他人进行交流的行为，自设 6 个题项对乡村居民的网络人际互动强度加以测量。测量题项全部采用 5 级李克特（1 - 非常不同意，5 - 非常同意）。测量题包括："我通过社交网络与家人和亲戚的交流变强""我与社交网络中的陌生人交流变多""我与朋友通过社交网络的联系变多""我与工作/学习上的伙伴（老师）通过社交网络交往的时间变多""在社交网络上，我与不认识的人交流的时间变长""我每天都会与社交网络中的好友（不认识的测量人）交谈"。

研究对于六个测量题项做探索性主成分因子分析，并采用具有 Kaiser 标准化的正交旋转法进行旋转，共析出两个因子。

表 2-11　　乡村居民的网络人际互动强度因子分析

	成分	
	因子 1	因子 2
我通过社交网络与家人和亲戚的交流变强	0.13	0.80
我与朋友通过社交网络的联系变多	0.28	0.79
我与工作/学习上的伙伴（老师）通过社交网络交往的时间变多	0.24	0.77
我与社交网络中的陌生人交流变多	0.76	0.31
在社交网络上，我与不认识的人交流的时间变长	0.83	0.26
我每天都会与社交网络中的好友（不认识的人）交谈	0.83	0.12
解释的方差	35.3%	34.1%

提取方法：主成分
旋转法：具有 Kaiser 标准化的正交旋转法

a. 旋转在 3 次迭代后收敛

依旋转后各题项的因子载荷大小，我们将两个因子分别命名为"熟关系网络互动强度"和"陌生关系网络互动强度"。其中熟关系网络互动强度（Cronbach's α = 0.76）包含"我通过社交网络与家人和亲戚的交流变强""我与工作/学习上的伙伴（老师）通过社交网络交往的时间变多"和"我与朋友通过社交网络的联系变多"三个测量题项；陌生关系网络互动强度（Cronbach's α = 0.79）包括"我与社交网络中的陌生人交流变多""在社交网络上，我与不认识的人交流的时间变长"和"我每天都会与社交网络中的好友（不认识的人）交谈"三个测量题项。因子分析的 KMO 值是 0.81，检验的 sig 值为 0.00，两个因子总共解释了 69.4% 的方差。

二 乡村居民的网络人际关系质量

根据 Ma & Yuen[①] 和 Tang, Chen, Yang, Chung, & Lee[②]，李文忠、王丽艳[③]的研究，共采用十六个题项加以测量。测量题项全部采用 5 级李克特（1 - 非常不同意，5 - 非常同意）。测量题如下：

表 2 - 12　　　　　　乡村居民的网络人际关系测量

构念	测向度
乡村居民的网络人际关系	我会努力保持与社交网络中的好友间的关系
	我希望与社交网络中好友的关系能够维持很长的时间
	我觉得我与社交网络中的好友的关系非常强烈

---

① Ma, W. W. K., Yuen, A. H. K., "Understanding online knowledge sharing: An interpersonal relationship perspective", *Computers & Education*, 2011, 56 (1): 210 - 219.
② Tang, J. H., Chen, M. C., Yang, C. Y., et al., "Personality traits, interpersonal relationships, online social support, and Facebook addiction", *Telematics & Informatics*, 2016, 33 (1): 102 - 108.
③ 李文忠、王丽艳：《关系信任对知识分享动机及分享行为的影响》，《经营与管理》2013 年第 2 期。

续表

构念	测向度
乡村居民的网络人际关系	如果我与社交网络中好友的关系结束，我会感到失望
	我会努力与社交网络中的好友保持长期关系
	我会和社交网络中的好友谈我个人的心情
	我会和社交网络中的好友聊工作或学习上的事情
	我会和社交网络中的好友聊情感问题
	与社交网络中的好友聊天时，我有被关心的感觉
	与社交网络中的好友聊天时，我会有朋友陪伴的感觉
	我觉得社交网络中好友对我是诚实坦白的
	我觉得社交网络中好友的行为是稳定可靠的
	我觉得社交网络中好友不会占我便宜，也会为我的面子和利益着想
	整体而言，我觉得我信任我社交网络中的好友
	与社交网络中好友需要保持小心谨慎，直到他们提供了可靠的证据（反向赋值）
	如果你不小心，社交网络中的好友可以很容易操纵你（反向赋值）

研究对于十六个题项做探索性主成分因子分析，并采用具有 Kaiser 标准化的正交旋转法进行旋转，共析出三个因子。

表 2–13　乡村居民的网络人际关系因子分析

	成分		
	因子 1	因子 2	因子 3
我会努力保持与社交网络中的好友间的关系	0.23	0.75	0.13
我希望与社交网络中好友的关系能够维持很长的时间	0.26	0.76	0.09
我觉得我与社交网络中的好友的关系非常强烈	0.12	0.66	0.35
如果我与社交网络中好友的关系结束，我会感到失望	0.16	0.67	0.27
我会努力与社交网络中的好友保持长期关系	0.22	0.75	0.15
我会和社交网络中的好友谈我个人的心情	0.76	0.16	0.19
我会和社交网络中的好友聊工作或学习上的事情	0.75	0.18	0.13
我会和社交网络中的好友聊情感问题	0.74	0.16	0.25
与社交网络中的好友聊天时，我有被关心的感觉	0.65	0.24	0.31
与社交网络中的好友聊天时，我会有朋友陪伴的感觉	0.64	0.27	0.27
我觉得社交网络中好友对我是诚实坦白的	0.25	0.18	0.79

续表

	成分		
	因子1	因子2	因子3
我觉得社交网络中好友的行为是稳定可靠的	0.26	0.20	0.78
我觉得社交网络中好友不会占我便宜,也会为我的面子和利益着想	0.17	0.17	0.81
整体而言,我觉得我信任我社交网络中的好友	0.31	0.22	0.66
与社交网络中好友需要保持小心谨慎,直到他们提供了可靠的证据	0.20	0.24	0.77
如果你不小心,社交网络中的好友可以很容易操纵你	0.27	0.23	0.65
解释的方差	20.4%	19.4%	19.3%

提取方法:主成分
旋转法:具有 Kaiser 标准化的正交旋转法

a. 旋转在 5 次迭代后收敛

依旋转后各题项的因子载荷大小,我们将三个因子分别命名为"网络人际关系维系""网络人际关系亲密性"和"网络人际信任"。

网络人际关系维系(Cronbach's α = 0.83)包含"我会努力保持与社交网络中的好友间的关系""我希望与社交网络中好友的关系能够维持很长的时间""我觉得我与社交网络中的好友的关系非常强烈""如果我与社交网络中好友的关系结束,我会感到失望"和"我会努力与社交网络中的好友保持长期关系"五个测量题项。

网络人际关系亲密性(Cronbach's α = 0.84)包括"我会和社交网络中的好友谈我个人的心情""我会和社交网络中的好友聊工作或学习上的事情""我会和社交网络中的好友聊情感问题""与社交网络中的好友聊天时,我有被关心的感觉"和"与社交网络中的好友聊天时,我会有朋友陪伴的感觉"五个测量题项。

网络人际信任（Cronbach's α = 0.82）包括"我觉得社交网络中好友对我是诚实坦白的""我觉得社交网络中好友的行为是稳定可靠的""我觉得社交网络中好友不会占我便宜，也会为我的面子和利益着想""整体而言，我觉得我信任我社交网络中的好友""与社交网络中好友需要保持小心谨慎，直到他们提供了可靠的证据"和"如果你不小心，社交网络中的好友可以很容易操纵你"六个测量题项。

因子分析的 KMO 值是 0.92，检验的 sig 值为 0.00，三个因子总共解释了 59.1% 的方差。

三 乡村居民的社会资本

（一）乡村居民的网络社会资本

根据 Putnam[①]、Oztok, Zingaro, Makos, Brett, & JimHewitt[②] 和 Stern & Adams[③] 的研究，共采用七个题项加以测量。测量题项全部采用 5 级李克特（1 - 非常不同意，5 - 非常同意）。测量题如下：

表 2 - 14　　　　　　　乡村居民的网络社会资本测量

构念	测向度
乡村居民的网络社会资本	当我做重要决定时，社交网络中的好友能给我提供意见
	社交网络中有我信任的好友帮助我解决困难

---

① Putnam Robert, D., *Bowling Alone: The Collapse and Revival of American Community*, New York: Simon and Schuster, 2000.

② Oztok, M., Zingaro, D., Makos, A., et al., "Capitalizing on social presence: The relationship between social capital and social presence", *Internet & Higher Education*, 2015, 26: 19 - 24.

③ Stern, M. J., Adams, A. E., "Do rural residents really use the Internet to build social capital?" *An empirical investigation*, *American Behavioral Scientist*, 2010, 53 (9): 1389 - 1422.

续表

构念	测向度
乡村居民的网络社会资本	我非常熟悉社交网络中的好友并愿意让他们做任何重要的事情
	在我急需用钱的时候，我能求助于社交网络中的好友
	社交网络中的好友让我感觉自己处于更广阔的朋友圈中
	与社交网络中的好友互动让我觉得我是大家庭中的一员
	与社交网络中的好友互动让我能结交新朋友

研究对于七个测量题项做探索性主成分因子分析，并采用具有 Kaiser 标准化的正交旋转法进行旋转，共析出一个因子。

表 2-15　　乡村居民的网络社会资本因子分析[a]

测量题项	因子载荷
当我做重要决定时，社交网络中的好友能给我提供意见	0.78
社交网络中有我信任的好友帮助我解决困难	0.78
我非常熟悉社交网络中的好友并愿意让他们做任何重要的事情	0.72
在我急需用钱的时候，我能求助于社交网络中的好友	0.70
社交网络中的好友让我感觉自己处于更广阔的朋友圈中	0.77
与社交网络中的好友互动让我觉得我是大家庭中的一员	0.79
与社交网络中的好友互动让我能结交新朋友	0.75
解释的方差	57.3%
提取方法：主成分	
a. 已提取了 1 个成分	

乡村居民的网络社会资本的 Cronbach's $\alpha = 0.87$。因子分析的 KMO 值是 0.90，检验的 sig 值为 0.000，因子总共解释了 57.3% 的方差。

（二）乡村居民的现实社会资本

根据马得勇[①]和胡涤非[②]的研究，共采用六个测量题项加以测

[①] 马得勇：《乡村社会资本的政治效应——基于中国 20 个乡镇的比较研究》，《经济社会体制比较》2013 年第 6 期。

[②] 胡涤非：《农村社会资本的结构及其测量——对帕特南社会资本理论的经验研究》，《武汉大学学报》（哲学社会科学版）2011 年第 4 期。

量。测量题项全部采用 5 级李克特（1 - 非常不同意，5 - 非常同意）。测量题如下：

表 2 - 16　　　　乡村居民的现实社会资本测量

构念	测向度
乡村居民的现实社会资本	我和村里的大部分人关系相处较好
	我能从亲属那里得到帮助
	我能从村民那里得到帮助
	我觉得我所在村里的人大部分可以信任
	我认为进入本村的外来人员信得过
	帮助过我的人向我求助时你也会帮助他

研究对于六个测量题项做探索性主成分因子分析，并采用具有 Kaiser 标准化的正交旋转法进行旋转，共析出一个因子。

表 2 - 17　　　　乡村居民的现实社会资本因子分析

测量题项	因子载荷
我和村里的大部分人关系相处较好	0.78
我能从亲属那里得到帮助	0.76
我能从村民那里得到帮助	0.81
我觉得我所在村里的人大部分可以信任	0.80
我认为进入本村的外来人员信得过	0.60
帮助过我的人向我求助时你也会帮助他	0.67
解释的方差	54.7%
提取方法：主成分	
a. 已提取了 1 个成分	

乡村居民的现实社会资本的 Cronbach's $\alpha = 0.83$。因子分析的 KMO 值是 0.84，检验的 sig 值为 0.00，因子总共解释了 54.7% 的方差。

第四节 乡村居民基本信息测量

一 人格特质

根据周志民、张江乐和熊义萍的研究,[①] 共采用八个题项加以测量。测量题项全部采用5级李克特（1-非常不符合，5-非常符合）。测量题包括："我是健谈的""我是精力旺盛的""我是喜欢社交的""我是大胆的""我是孤独的""我是内向的""我是害羞的""我是安静的"八个测量题项。

表2-18　　　　　　　　　人格特质的因子分析

测量题项	成分	
	因子1	因子2
我是孤独的	0.14	0.75
我是内向的	0.12	0.75
我是害羞的	0.14	0.73
我是安静的	0.15	0.69
我是健谈的	0.70	0.19
我是精力旺盛的	0.74	0.17
我是喜欢社交的	0.79	0.13
我是大胆的	0.80	0.09
解释的方差	29.7%	27.9%

提取方法：主成分
旋转法：具有 Kaiser 标准化的正交旋转法

a. 旋转在3次迭代后收敛

研究对于八个测量题项做探索性主成分因子分析，并采用具

---

① 周志民、张江乐、熊义萍：《内外倾人格特质如何影响在线品牌社群中的知识分享行为——网络中心性与互惠规范的中介作用》，《南开管理评论》2014年第3期。

有 Kaiser 标准化的正交旋转法进行旋转,共析出两个因子。

依旋转后各题项的因子载荷大小,我们将两个因子分别命名为"外倾性人格"和"内倾性人格"。

外倾性人格(Cronbach's α = 0.77)包含"我是健谈的""我是精力旺盛的""我是喜欢社交的"和"我是大胆的"四个测量题项。

内倾性人格(Cronbach's α = 0.73)包括"我是孤独的""我是内向的""我是害羞的"和"我是安静的"四个测量题项。

因子分析的 KMO 值是 0.77,检验的 sig 值为 0.00,两个因子总共解释了 57.6% 的方差。

二 人口学因素

人口学因素设置为:性别(男性 = 1,女性 = 0)、年龄、民族(汉族 = 1,少数民族 = 0)、教育程度、婚姻状况(已婚 = 1,未婚 = 0)。

第三章 社会临场感与乡村居民网络人际互动效果的关系

第一节 研究问题和研究假设

现有文献在研究网络人际互动时基本都是站在互联网使用或者社交媒体使用（时间/行为）给网络人际互动带来影响的路径上讨论，而对于社交网络使用的社会心理因素的考量较少。

有学者基于社会心理学的视角，讨论了促使新媒体用户形成使用习惯的社会心理因素。[①] 他们认为，用户对新媒体使用习惯是由于用户行为、价值目的、情感、心理期待等一系列社会心理因素综合作用的结果，而当用户形成这一习惯后，对于新媒体的使用就会从依赖于自觉的理性行为转为不自觉的习惯性行为。在以往研究中，有学者从孤独感与互联网使用的关系上来揭示新媒体使用的心理因素。但对于"到底是孤独感带来了互联网使用的

---

① 费坚、胡涛：《新媒体使用习惯及其影响的实证研究——基于社会心理学的视角》，《浙江学刊》2015年第6期。

行为，还是互联网使用产生了孤独感"这一议题，研究者持有不同的看法。另外，人格特质和自我概念也被用以讨论与互联网使用的关系。李瑛和游旭群提到，对于人格特质与互联网使用关系的研究也存在二元对立的结论，[①] 有研究者认为人格特质能够影响个体互联网的使用，[②] 而另一些学者则认为二者之间不存在相互影响关系。[③] 对于自我概念的影响，最为突出的是自尊心因素，自尊心低的人，更能通过互联网了解到/得到更多有用的信息和支持。虽然这类研究关注到了社会心理因素在受众使用媒介所带来影响，但心理因素更多集中于个体内在的性格特征，缺乏对新媒体使用的心理感知因素的关注与讨论。

一 研究问题

新媒体使用的社会心理因素是站在心理学研究路径的基础上讨论，注重从个体心理层面对个体意识和行为加以研究。对于从这一路径研究传播行为的问题也有所涉及，并逐渐受到重视。基于本书的文献探讨，本书提出以下研究问题：

（1）当控制人格特质、社交网络的使用模式和使用社交网络的情绪响应（愉悦度、激活度）后，作为社交网络使用的社会心理因素的社会临场感是否会对中国乡村居民的网络人际互动质量产生显著影响？若这种影响存在，那么是积极的还是消极的？

---

① 李瑛、游旭群：《互联网使用行为的心理学研究》，《中国特殊教育》2007 年第 4 期。

② Hamburger, Y. A., Ben-Artzi, E., "The relationship between extraversion and neuroticism and the different uses of the Internet", Computers in Human Behavior, 2000, 16 (4): 441–449.

③ Hills, P., Argyle, M., "Uses of the Internet and their relationships with individual differences in personality", Computers in Human Behavior, 2003, 19 (1): 59–70.

（2）当控制人格特质、社交网络的使用模式和使用社交网络的情绪响应（愉悦度、激活度）后，作为社交网络使用的社会心理因素的社会临场感是否会对中国乡村居民的网络人际互动强度产生显著影响？若这种影响存在，那么是积极的还是消极的？

二 研究假设

Mehrabian 认为情感具有愉悦度（pleasure）、唤醒度（arousal）和优势度（domiannce）三个方面，即 PAD 情绪状态模型。[①] 该模型指出，愉悦度是情绪的积极或消极表现，如幸福和痛苦；唤醒度是指个体生理激活水平和警觉性，如从昏昏欲睡到激动；而优势度则是个体对情景或他人的控制状态。有学者指出，在研究网络中的情绪时一般用愉悦度和唤醒度来呈现个体的情绪状态。[②] 因此，本书在探讨中国乡村居民社交网络使用情绪响应时也仅借鉴 PAD 情绪状态模型中的愉悦度和唤醒度。

有研究者通过对在线商店的氛围（atmosphere）和购物者的反映进行研究，他们发现网络氛围（Site atmosphere）能够显著正向地影响购物者的愉悦度和唤醒度，进而影响购物者的态度和满意度。社会临场感理论也强调媒介的氛围对受众的影响。[③] 在针

[①] Mehrabian, A., "Framework for a comprehensive description and measurement of emotional states", *Genet Soc Gen Psychol Monogr*, 1995, 121 (3): 339 – 361.

[②] Eroglu, Sevgin, A., Machleit, Karen, A., Davis, Lenita, M., "Empirical testing of a model of online store atmospherics and shopper responses", *Psychology & Marketing*, 2003, 20 (2): 139 – 150；周菲、李小鹿：《社会临场感对网络团购消费者再购意向影响研究》，《辽宁大学学报》（哲学社会科学版）2015 年第 4 期。

[③] Eroglu, Sevgin, A., Machleit, Karen, A., Davis, Lenita, M., "Empirical testing of a model of online store atmospherics and shopper responses", *Psychology & Marketing*, 2003, 20 (2): 139 – 150.

对 SNS 的研究上，Cheikh-Ammar & Barki 发现，社会临场感越强，SNS 用户的享受感知（enjoyment）就越强。①

此外，情绪对受众的评价、决定和行为具有同化的影响。② 大量的文献也探讨了不同情绪对人际信任和人际互动的影响。③ 积极的情绪不仅有助于关系信任和友谊的发展，还能够提高与关系紧密的他人的一致感。④ 何晓丽在围绕积极情绪对人际互动的研究后发现，积极情绪对熟悉人的人际互动影响显著要高于对陌生人的人际互动影响，但在合作竞争情境下，积极情绪也会对陌生人的人际互动产生积极显著效应。⑤ 此外，在高低风险情境下，积极情绪对熟关系的人际互动也具有正向预测作用。基于此，我们提出如下假设：

假设1：社会临场感越强，乡村居民使用社交网络的情绪响应（愉悦度和激活度）越强。

假设2：使用社交网络的愉悦度和激活度越高，乡村居民的网络人际互动质量和网络人际互动强度越高。

假设3：情绪响应（愉悦度和激活度）在社会临场感对乡村

---

① Mustapha Cheikh-Ammar & Henri Barki, "The Influence of Social Presence, Social Exchange and Feedback Features on SNS Continuous Use", *Journal of Organizational & End User Computing*, 2016, 28 (2): 33 – 52.

② Hanpeng Zhang & Yong Lu & Xiaoli Shi & Zongming Tang & Zhijian Zhao, "Mood and social presence on consumer purchase behaviour in C2C E-commerce in Chinese culture", *Electronic Markets*, 2012, 22 (3): 143 – 154.

③ 何晓丽：《积极情绪对人际信任与人际互动影响的线索效应》，硕士学位论文，陕西师范大学，2013 年；高培霞：《人际互动的情感研究：取向、路径与展望》，《山西大学学报》（哲学社会科学版）2015 年第 5 期。

④ Fredrickson, B. L., Cohn, M. A., Coffey, K. A., et al., "Open hearts build lives: positive emotions, induced through loving-kindness meditation, build consequential personal resources", *J Pers Soc Psychol*, 2008, 95 (5): 1045 – 1062.

⑤ 何晓丽：《积极情绪对人际信任与人际互动影响的线索效应》，硕士学位论文，陕西师范大学，2013 年；高培霞：《人际互动的情感研究：取向、路径与展望》，《山西大学学报》（哲学社会科学版）2015 年第 5 期。

居民的网络人际互动质量和网络人际互动强度上起着中介效应。

三 研究框架

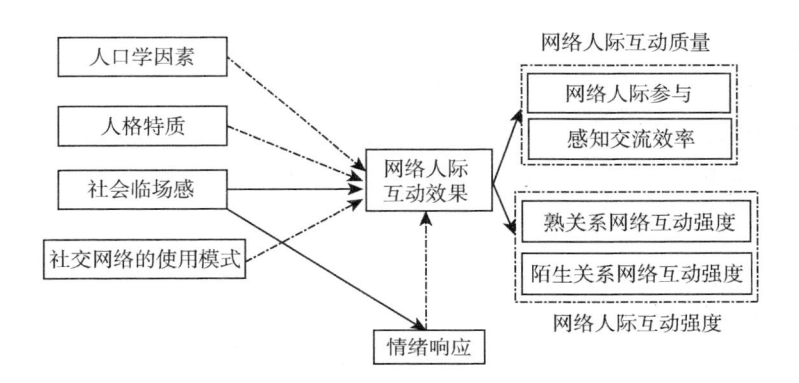

图 3-1 本章的框架

第二节 社会临场感对乡村居民网络
人际互动效果的影响

一 主要研究变量的相关关系

表 3-1 为本书主要变量的均值和标准偏差，以及双变量之间的相关分析结果。数据分析结果显示，乡村居民网络人际互动（四个方面）的均值都达到了 3 以上，超过阈值 3，这表明乡村居民具有较高的网络人际参与（M = 3.79）、感知交流效率（M = 3.37）、熟关系网络互动强度（M = 3.69）和陌生关系网络互动强度（M = 3.22）。

表 3-1　主要研究变量的均值、标准偏差和相关关系

	1	2	3	4	5	6	7
1 社会临场感	1						
2 愉悦度	0.66**	1					
3 激活度	0.67**	0.71**	1				
4 网络人际参与	0.60**	0.58**	0.49**	1			
5 感知交流效率	0.61**	0.58**	0.64**	0.51**	1		
6 熟关系网络互动强度	0.54**	0.56**	0.51**	0.59**	0.43	1	
7 陌生关系网络互动强度	0.49**	0.47**	0.56**	0.38**	0.48	0.51**	1
M	3.49	3.56	3.28	3.79	3.37	3.69	3.22
SD	0.64	0.74	0.74	0.62	0.82	0.71	0.89

注：** $p<0.01$。

另外，乡村的社会临场感和情绪响应（愉悦度和激活度）的均值分别是 3.49、3.56 和 3.28，因使用 5 级李克特量表测量，所以将中值 3 作为标准，分别对社会临场感、愉悦度和激活度做单样本 t 检验。结果显示，乡村居民的社会临场感（$t=27.55$，$p<0.001$）、愉悦度（$t=26.86$，$p<0.001$）和激活度（$t=13.53$，$p<0.001$）显著高于量表中值，即乡村居民在使用社交网络时是以积极的社会临场感，较高的愉悦度和激活度为主。

此外，表中 Pearson 相关系数表明，社会临场感与网络人际参与（$r=0.60$，$p<0.01$）、感知交流效率（$r=0.61$，$p<0.01$）、熟关系网络互动强度（$r=0.54$，$p<0.01$）和陌生关系网络互动强度（$r=0.49$，$p<0.01$）都具有显著正向相关关系；愉悦度与网络人际参与（$r=0.58$，$p<0.01$）、感知交流效率（$r=0.58$，$p<0.01$）、熟关系网络互动强度（$r=0.56$，$p<0.01$）和陌生关系网络互动强度（$r=0.47$，$p<0.01$）都具有显著正向相关关系；激活度与网络人际参与（$r=0.49$，$p<0.01$）、感知交流效率（$r=0.64$，$p<0.01$）、熟关系网络互动强度（$r=0.51$，$p<0.01$）和

陌生关系网络互动强度（r = 0.56，p < 0.01）都具有显著正向相关关系；这一结果初步为研究假设的证明提供了基础。

二 社会临场感对乡村居民网络人际互动（质量、强度）的影响

本书通过 SPSS PROCESS 2.15 宏程序，模型编号为 model 4 来进行分析。PROCESS 宏程序是由 Hayes 开发，并在近几年的研究中得到越来越多的关注和应用。[1] PROCESS 宏程序能够分析中介模型、调节模型和它们之间的组合模型。[2] 所以研究采用它来分析模型间的中介效应，具有合适性。

另外，因为本书所采用的研究方法为传统抽样方法，这会让样本数据存在某些特定问题，如方差的计算量很大；估计抽样误差困难等。[3] 所以研究采用 Bootstrap 方法进行分析，该方法通过对原始样本数据进行有放回的随机抽样，从而得到与原始样本数据相同的大量 Bootstrap 子样本。在对 Bootstrap 子样本分析的基础上，计算统计量的估计值，最终获得统计量的抽样分布。该方法只依赖于给定的原始观测样本数据，不需要对随机变量的实际分布作任何假设和增加新的数据观测，因此，是一种非参数统计方法，能够对传统方法产生的某些不足进行克服。[4]

---

[1] Preacher, K. J., & Hayes, A. F., "Asymptotic and resampling strategies for assessing and comparing indirect effects in multiple mediator models", *Behavior research methods*, 2008, 40 (3): 879 – 891.

[2] Sun, L. Y., Pan, W., & Chow, I. H. S., "The role of supervisor political skill in mentoring: Dual motivational perspectives", *Journal of Organizational Behavior*, 2014, 35 (2): 213 – 233.

[3] 郑京平：《Bootstrap 方法在复杂抽样中的应用》，《统计研究》1987 年第 1 期。

[4] Preacher, K. J. & Hayes, A. F., "Asymptotic and resampling strategies for assessing and comparing indirect effects in multiple mediator models", *Behavior research methods*, 2008, 40 (3): 879 – 891.

表 3-2 社会临场感对乡村居民网络人际互动质量的回归分析（2000 Bootstrap 样本）

		网络人际交往质量					
		网络人际参与 95% CI			感知交流效率 95% CI		
		β（SE）	LLCI	ULCI	β（SE）	LLCI	ULCI
人口学因素	性别	-0.02（0.02）	-0.07	0.02	0.03（0.03）	-0.02	0.11
	年龄	-0.01（0.01）	-0.03	0.01	-0.01（0.01）	-0.04	0.01
	民族	0.08（0.03）*	0.01	0.16	0.05（0.04）	-0.04	0.15
	教育程度	0.05（0.01）**	0.02	0.08	-0.01（0.01）	-0.05	0.02
	婚姻	0.04（0.03）	-0.02	0.11	0.05（0.04）	-0.03	0.14
人格特质	外倾性	-0.03（0.02）	-0.07	0.01	0.01（0.02）	-0.03	0.06
	内倾性	0.16（0.02）***	0.11	0.21	0.04（0.03）	-0.02	0.10
社交网络使用模式	网络自我表露	0.01（0.02）	-0.03	0.05	-0.04（0.02）	-0.10	0.01
	网络信息分享	0.17（0.02）***	0.13	0.23	0.04（0.03）	-0.04	0.08
	网络娱乐活动	-0.01（0.02）	-0.06	0.03	0.04（0.03）	-0.01	0.13
	上网时长	0.02（0.01）	-0.01	0.03	0.01（0.01）	-0.02	0.03
情绪响应	愉悦度	0.21（0.02）***	0.14	0.25	0.15（0.03）***	0.08	0.22
	激活度	0.05（0.02）*	0.02	0.08	0.33（0.03）***	0.27	0.42
社交网络使用的社会心理因素	社会临场感	0.31（0.02）***	0.24	0.36	0.33（0.03）***	0.26	0.42
R^2		0.50			0.49		
F 值		92.97			89.37		

注：表格中 β 系数为非标准化回归系数，括号中数字 SE 为标准误，LLCI 和 ULCI 为 95% 的置信区间；* p<0.05；** p<0.01；*** p<0.001。

表 3-3　社会临场感对乡村居民网络人际互动强度的
回归分析（2000 Bootstrap 样本）

		网络人际交往强度					
		熟关系网络互动强度 95% CI			陌生关系网络互动强度 95% CI		
		β（SE）	LLCI	ULCI	β（SE）	LLCI	ULCI
人口学因素	性别	-0.08（0.03）**	-0.14	-0.02	0.13（0.03）**	0.06	0.22
	年龄	0.01（0.01）	-0.02	0.02	-0.05（0.01）*	-0.08	-0.02
	民族	0.12（0.04）*	0.04	0.21	0.09（0.05）	-0.02	0.20
	教育程度	0.02（0.01）	-0.01	0.05	0.01（0.02）	-0.03	0.05
	婚姻	0.04（0.03）	-0.03	0.11	0.06（0.05）	-0.03	0.17
人格特质	外倾性	0.09（0.02）**	0.04	0.13	0.19（0.03）***	0.14	0.26
	内倾性	0.21（0.02）***	0.15	0.26	0.15（0.03）***	0.07	0.22
社交网络使用模式	网络自我表露	-0.01（0.02）	-0.05	0.04	0.04（0.03）	-0.02	0.10
	网络信息分享	0.21（0.03）***	0.15	0.26	-0.02（0.03）	-0.11	0.03
	网络娱乐活动	0.01（0.03）	-0.05	0.06	0.10（0.03）*	0.04	0.20
	上网时长	0.01（0.01）	-0.01	0.03	0.02（0.01）	-0.01	0.05
情绪响应	愉悦度	0.20（0.03）***	0.12	0.24	0.13（0.04）*	0.05	0.11
	激活度	0.08（0.02）*	0.01	0.13	0.32（0.03）***	0.27	0.43
社交网络使用的社会心理因素	社会临场感	0.17（0.03）***	0.08	0.22	0.14（0.04）*	0.05	0.23
R^2		0.45			0.41		
F 值		86.60			64.97		

注：表格中 β 系数为非标准化回归系数，括号中数字 SE 为标准误，LLCI 和 ULCI 为 95% 的置信区间；* $p<0.05$；** $p<0.01$；*** $p<0.001$。

研究结果显示（见表 3-2），在控制了人口统计学因素、人格特质、社交网络使用模式，以及情绪响应（愉悦度和激活度）后，社会临场感与乡村居民网络人际互动质量（网络人际参与、感知交流效率）也是显著正向的影响关系，即乡村居民的网络社会临场感越强，他们的网络人际参与度就越高（β = 0.31，$p<$

0.001），且感知交流效率就越强（$\beta = 0.33$，$p < 0.001$）。

研究结果显示（见表3-3），在控制了人口统计学因素和人格特质、社交网络使用模式，以及情绪响应（愉悦度和激活度）后，社会临场感与乡村居民网络人际互动强度（熟关系网络互动强度和陌生关系网络互动强度）也是显著正向的影响关系，即乡村居民的网络社会临场感越强，他们在网络中与熟关系（Beta = 0.17，P < 0.001）和陌生关系（Beta = 0.14，P < 0.05）展开网络互动的强度就越高。

表3-4　　社会临场感对乡村居民情绪响应的回归分析

（2000 Bootstrap 样本）

		愉悦度	激活度
人口学因素	性别	-0.06（0.03）*	0.07（0.02）*
	年龄	0.01（0.01）	0.02（0.01）
	民族	0.01（0.04）	-0.05（0.04）
	教育程度	0.01（0.01）	-0.02（0.01）
	婚姻	0.07（0.04）	0.02（0.03）
人格特质	外倾性	0.03（0.02）	0.12（0.02）***
	内倾性	0.19（0.02）***	0.15（0.02）***
社交网络使用模式	网络自我表露	-0.03（0.02）	0.02（0.02）
	网络信息分享	0.06（0.02）*	0.05（0.02）*
	网络娱乐活动	0.21（0.02）***	0.24（0.02）***
	上网时长	0.02（0.01）	0.02（0.01）
情绪响应	愉悦度	—	—
	激活度	—	—
社交网络使用的社会心理因素	社会临场感	0.50（0.02）***	0.53（0.02）***

注：* $p < 0.05$，*** $p < 0.001$。

此外，社会临场感与情绪响应是正向显著影响关系。也就是说，社会临场感越强，中国乡村居民使用社交媒体所获得的愉悦度（Beta = 0.50，P < 0.001）和激活度（Beta = 0.53，P < 0.001）

也就越强。这进一步表明，社会临场感能够给中国乡村居民带来较积极的情绪响应，让他们在使用社交网络时感受到快乐与激动，有利于提高他们对社交网络的满意度和认可度。情绪响应（愉悦度和激活度）与乡村居民的网络人际互动质量是显著正向的影响关系，即乡村居民使用社交网络感知到的愉悦度（Beta＝0.21，P＜0.001）和激活度（Beta＝0.05，P＜0.05）越高，他们的网络人际参与就越强；同时，愉悦度（Beta＝0.15，P＜0.001）和激活度（Beta＝0.33，P＜0.001）越高，乡村居民的感知交流效率也越强。另外，乡村居民的愉悦度（Beta＝0.20，P＜0.001）和激活度（Beta＝0.08，P＜0.05）越高，他们对熟关系网络互动的强度也越强；乡村居民的愉悦度（Beta＝0.13，P＜0.05）和激活度（Beta＝0.32，P＜0.001）越高，他们对陌生关系网络互动的强度同样越强。假设 H1 和假设 H2 得到验证，假设成立。

在人口统计学因素上，女性使用社交网络时感受到的愉悦度较高（Beta＝－0.06，P＜0.05），而男性则表现为激活度较高（Beta＝0.07，P＜0.05）。女性使用社交网络与熟关系互动的强度高（Beta＝－0.08，P＜0.01），而男性使用社交网络与陌生人关系互动的强度高（Beta＝0.13，P＜0.01）。可能性的原因在于乡村男性与女性在性格和长期的家庭教养方面有关。家庭教养影响上，使得女性更易表现出温柔、贤淑和恬静的状态，而乡村男性则是家庭的支柱，较为勇敢、冲动，性格张扬。汉族乡村居民，其网络人际参与度（Beta＝0.08，P＜0.05）和熟关系网络互动强度（Beta＝0.12，P＜0.05）更高；受教育程度高的乡村居民，其网络人际参与度（Beta＝0.05，P＜0.01）也更高；年龄越小

（Beta = -0.05，P < 0.05）的乡村居民，通过社交网络与陌生关系互动的强度越高。

人格特质方面，拥有外倾性人格的乡村居民使用社交网络的激活度情绪更高（Beta = 0.12，P < 0.01），而内倾性人格的乡村居民，使用社交网络能带来较高的愉悦度（Beta = 0.19，P < 0.001）和激活度（Beta = 0.15，P < 0.001）的情绪响应。另外，对于乡村网络人际互动质量方面，内倾性人格在网络人际参与上具有显著性（Beta = 0.16，P < 0.001），即拥有内倾性人格的乡村居民的网络人际参与度更高，而外倾性人格则不具有显著性。但是外倾性人格对于熟关系网络互动强度（Beta = 0.09，P < 0.01）和陌生关系网络互动强度（Beta = 0.19，P < 0.001）具有积极显著性，同样，内倾性人格与熟关系网络互动强度（Beta = 0.21，P < 0.001）和陌生关系网络互动强度（Beta = 0.15，P < 0.001）显著相关，即拥有外倾性人格和拥有内倾性人格的乡村居民，都在社交网络中与熟关系和陌生关系的人际互动更高。

社交网络使用模式方面，社交网络使用时长与乡村居民使用社交网络的情绪响应和网络人际互动的四个方面都不具有显著效应。网络自我表露也不能有效预测乡村居民使用社交网络的情绪响应和网络人际互动（网络人际参与、感知交流效率、熟关系网络互动强度、陌生关系网络互动强度）。网络信息分享行为和网络娱乐活动均能作为乡村居民社交网络情绪响应的预测因素，即网络信息分享行为越多，乡村居民使用社交网络的愉悦度（Beta = 0.06，P < 0.05）和激活度（Beta = 0.05，P < 0.05）就越高。同样地，使用社交网络寻求娱乐活动越多的乡村居民，他们的感知的愉悦度（Beta = 0.21，P < 0.001）和激活度（Beta = 0.24，P <

0.001）也越高。

另外，网络信息分享行为能对乡村居民的网络人际参与（Beta = 0.17，P < 0.001）和熟关系网络互动强度（Beta = 0.21，P < 0.001）有正向影响关系，这表明，使用社交网络进行信息分享越多的乡村居民，他们的网络人际参与度越高，与熟关系网络互动的强度越高。网络娱乐活动则在乡村居民陌生关系网络互动强度（Beta = 0.10，P < 0.05）上具有显著性，即使用社交网络寻求娱乐活动越多，乡村居民与陌生人进行网络互动的强度也就越高，可能的原因在于乡村居民在使用网络游戏、移动短视频等娱乐项目中，需要与陌生人一同开展游戏和娱乐行为的方式较为普遍有关。

三 愉悦度和激活度的中介效应检验

对于中介变量而言，是采用 PROCESS 宏置信区间对中介效应进行 Bootstrapping 分析。判定中介效应是否显著的办法为自变量到中介变量的回归系数和中介变量到因变量的回归系数的乘积项是否显著不为零，且置信区间（CI）的上限和下限不包括零。

表 3 - 5   中介效应回归分析模型拟合指标

因变量	R - sq	均方误差	F 值	df 1	df 2	p
网络人际参与	0.50	0.19	92.19	14	1147	0.00
感知交流效率	0.48	0.35	86.37	14	1147	0.00
熟关系网络互动强度	0.47	0.27	81.84	14	1147	0.00
陌生关系网络互动强度	0.41	0.47	63.39	14	1147	0.00

假设（H3）认为愉悦度和激活度在社会临场感对乡村居民网络人际互动（网络人际互动质量和网络人际互动强度）的影响上起着中介效应。

愉悦度的中介效应：研究结果显示（见表3-6），社会临场感通过愉悦度影响乡村居民网络人际参与的中介效应值为0.10（置信区间为[0.06，0.13]）；社会临场感通过愉悦度影响乡村居民感知网络交流效率的中介效应值为0.07（置信区间为[0.02，0.12]）；社会临场感通过愉悦度影响乡村居民在熟关系网络互动强度上的中介效应值为0.09（置信区间为[0.05，0.13]）；社会临场感通过愉悦度影响乡村居民在陌生关系网络互动强度上的中介效应值为0.05（置信区间为[0.02，0.06]）。由于四个效应的置信区间都不包含0，因此中介效应是显著的。

表3-6　　　愉悦度的中介效应Bootstrapping分析结果

因变量	效应	标准误	下限（LLCI）	上限（ULCI）
网络人际参与	0.10	0.01	0.06	0.13
感知交流效率	0.07	0.02	0.02	0.12
熟关系网络互动强度	0.09	0.02	0.05	0.13
陌生关系网络互动强度	0.05	0.02	0.02	0.06

激活度的中介效应：研究结果显示（见表3-7），社会临场感通过激活度影响乡村居民网络人际参与的中介效应值为0.03（置信区间为[0.04，0.07]）；社会临场感通过激活度影响乡村居民感知网络交流效率的中介效应值为0.18（置信区间为[0.13，0.24]）；社会临场感通过激活度影响乡村居民在熟关系网络互动强度上的中介效应值为0.04（置信区间为[0.01，0.04]）；社会临场感通过激活度影响乡村居民在陌生关系网络互动强度上的中介效应值为0.18（置信区间为[0.13，0.24]）。由于四个效应的置信区间都不包含0，因此中介效应是显著的。

表 3-7　　　　　　激活度的中介效应 bootstrapping 分析结果

因变量	效应	标准误	下限（LLCI）	上限（ULCI）
网络人际参与	0.03	0.02	0.04	0.07
感知交流效率	0.18	0.02	0.13	0.24
熟关系网络互动强度	0.04	0.02	0.01	0.04
陌生关系网络互动强度	0.18	0.02	0.13	0.24

第三节　本章小结

（1）在控制人口学因素、人格特质、社交网络的使用模式和网络交往动机以及网络人际交往投入后，作为新媒体使用社会心理学因素的社会临场感对乡村居民网络人际互动的质量（网络人际参与和感知交流效率）发挥着显著的积极影响。

（2）在控制控制人口学因素、人格特质、社交网络的使用模式和网络交往动机以及网络人际交往投入后，使用社交网络的社会临场感越强，乡村居民的网络人际互动强度（熟关系网络互动强度和陌生关系网络互动强度）就越强。

（3）中介效应检验发现，情绪响应变量（愉悦度和激活度）在社会临场感对乡村居民的网络人际互动质量（网络人际参与、感知交流效率）和网络人际互动强度（熟关系网络互动强度、陌生关系网络互动强度）上发挥着重要且显著的中介效应。

第四章 社会临场感对乡村居民网络人际关系质量的影响

第一节 研究问题与研究框架

一 研究问题

在控制人格特质、社交网络的使用模式、社交网络使用动机和网络人际交往投入后,社会临场感是否还能对中国乡村居民的网络人际关系(网络人际关系维系、网络人际关系亲密性和网络人际信任)产生显著预测效应?如果这种显著效应存在,它应是积极的还是消极的?

二 研究框架

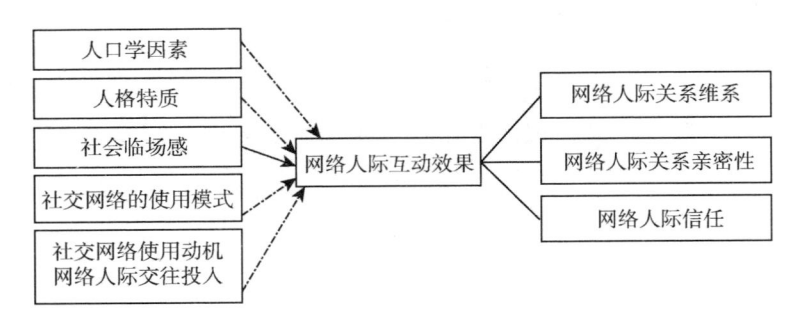

图 4-1 本章的框架

第二节 社会临场感对乡村网络人际关系效果的影响

一 各变量的相关关系

乡村居民网络人际关系（网络人际关系维系、网络人际关系亲密性和网络人际信任）的均值都达到了3以上，超过阈值3，这表明乡村居民的网络人际关系维系（M=3.54，SD=0.69）、网络人际关系亲密性（M=3.60，SD=0.66）和网络人际信任（M=3.33，SD=0.65）。另外，乡村居民的社会临场感的均值为3.49，标准差是0.64，也超过了中值3，这表明乡村居民使用社交网络的社会临场感较高。

表4-1为各研究变量的相关分析结果。数据分析结果显示，社会临场感与乡村居民的网络人际关系维系（r=0.64，p<0.01）、网络人际关系亲密性（r=0.52，p<0.01）和网络人际信任（r=0.55，p<0.01）都具有显著正向相关关系。

二 网络人际关系维系的影响因素

本书通过多元线性回归模型对研究假设进行检验。首先，研究将社会临场感和乡村居民网络人际关系的3个维度（网络人际关系维系、网络人际关系亲密性和网络人际信任）、人格特质、网络交往动机（工具性网络交往动机和情感性网络交往动机）以及网络人际交往投入的题项分别加总求均值处理，然后将这些因素逐一放入模型的每一层。方差膨胀因子（VIF）的检验结果显示，这一模型不存在严重的多重共线性问题。

表 4-1　各研究变量的相关矩阵

	1	2	3	4	5	6	7	8	9	10	11	12	13
1 外倾性	1												
2 内倾性	0.37**	1											
3 网络自我表露	0.35**	0.35**	1										
4 网络信息分享	0.34**	0.46**	0.41**	1									
5 网络娱乐活动	0.42**	0.43**	0.43**	0.54**	1								
6 上网时长	0.13**	0.11**	0.03**	0.13**	0.14**	1							
7 工具性网络交往动机	0.42**	0.49**	0.42**	0.54**	0.66**	0.13**	1						
8 情感性网络交往动机	0.47**	0.47**	0.35**	0.48**	0.70**	0.17**	0.77**	1					
9 网络人际交往投入	0.45**	0.35**	0.29**	0.36**	0.56**	0.24**	0.60**	0.64**	1				
10 社会临场感	0.40**	0.50**	0.37**	0.45**	0.51**	0.07**	0.54**	0.51**	0.44**	1			
11 网络人际关系维系	0.44**	0.56**	0.34**	0.44**	0.54**	0.10**	0.57**	0.55**	0.49**	0.64**	1		
12 网络人际关系亲密性	0.40**	0.50**	0.43**	0.66**	0.70**	0.16**	0.66**	0.69**	0.48**	0.52**	0.56**	1	
13 网络人际信任	0.45**	0.46**	0.51**	0.48**	0.68**	0.07**	0.63**	0.62**	0.58**	0.55**	0.57**	0.64**	1

注：** $p < 0.01$。

经过逐步回归分析后，人口学因素对乡村居民网络人际关系的维系没有显著性、差异性。而人格特质的两个维度，即外倾性和内倾性均能够积极显著地影响乡村居民的网络人际关系维系，即不论是外倾性人格（$\beta = 0.10$，$P < 0.001$），还是内倾性人格（$\beta = 0.23$，$P < 0.001$）的乡村居民，他们都注重网络人际关系的维系。

在社交网络的使用模式方面，网络娱乐活动（$\beta = 0.11$，$P < 0.001$）能够积极显著地预测乡村网络人际关系维系，即乡村居民网络娱乐活动的行为越多，他们就越倾向于维系网络人际关系。而网络自我表露和网络信息分享行为都没有显著性存在。

交往动机和投入方面，工具性网络交往动机（$\beta = 0.08$，$P < 0.05$）对乡村网络人际关系维系具有显著正向影响。也就是乡村居民的工具性网络交往动机越强，那么他们的网络人际关系的维系就越明显，同样地，情感性网络交往动机与乡村居民的网络人际关系维系具有显著正向关系（$\beta = 0.15$，$P < 0.01$），即乡村居民使用社交网络的情感性网络交往动机越高，那么对于他们的网络人际关系维系就越有利。网络人际交往投入（$\beta = 0.09$，$P < 0.01$）对乡村居民的网络人际关系维系也呈现显著影响效应，即乡村居民使用社交网络对人际交往的投入度越高，那么他们的网络人际关系维系就越强。

控制了以上因素后，在社交网络使用的社会心理因素上，社会临场感（$\beta = 0.32$，$P < 0.001$）能够显著积极地预测乡村居民的网络人际关系维系，即乡村居民使用社交网络的社会临场感越强，他们的网络人际关系维系也就会越强。

表 4-2　　社会临场感对乡村网络人际关系的影响

	网络人际关系维系	网络人际关系亲密性	网络人际信任
人口学因素			
性别	0.02（0.03）	-0.02（0.02）	0.01（0.02）
年龄	0.01（0.01）	-0.05（0.01）*	-0.13（0.01）*
民族	-0.01（0.04）	0.01（0.03）	0.01（0.03）
教育程度	-0.02（0.01）	0.01（0.01）	0.02（0.01）
婚姻状况	0.04（0.03）	0.01（0.03）	0.01（0.03）
增长的 R^2（%）	1.3**	0.9	1.1*
人格特质			
外倾性	0.10（0.02）***	-0.01（0.02）	0.05（0.02）*
内倾性	0.23（0.02）***	0.06（0.02）**	0.05（0.02）*
增长的 R^2（%）	38.1***	30.9***	30.3***
社交网络的使用模式			
网络自我表露	-0.03（0.02）	0.05（0.02）*	0.19（0.02）***
网络信息分享	0.01（0.03）	0.30（0.02）***	0.02（0.02）
网络娱乐活动	0.11（0.03）***	0.26（0.02）***	0.28（0.03）***
增长的 R^2（%）	7.7***	31.9***	25.1***
交往动机和投入			
工具性网络交往动机	0.08（0.03）*	0.06（0.03）*	0.09（0.03）**
情感性网络交往动机	0.15（0.03）**	0.27（0.03）***	0.16（0.03）**
网络人际交往投入	0.09（0.02）**	0.14（0.02）**	0.20（0.02）**
增长的 R^2（%）	3.1***	4.0***	4.9***
社交网络使用的社会心理学因素			
社会临场感	0.32（0.03）***	0.07（0.02）**	0.18（0.02）***
增长的 R^2（%）	5.8***	0.3**	0.8***
调整后总 R^2（%）	55.5	67.5	61.7

注：数值为标准化回归系数 β，括号内为标注误 S.E.；* $p<0.05$，** $p<0.01$，*** $p<0.001$。

三　网络人际关系亲密性的影响因素

人口学因素上，年龄越大的乡村居民，他们的网络人际关系亲密性越低（β=-0.05，$P<0.05$）。年龄越大的乡村居民，生

活上越倾向于保守，而且年龄越大的乡村居民，传统观念越强，他们更愿意在现实中保持人际关系的亲密性。人格特质上，拥有外倾性人格的乡村居民与网络人际关系的亲密性没有显著影响，而具有内倾性人格的乡村居民，他们的网络人际关系亲密性越高（$\beta = 0.06$，$P < 0.01$）。外倾性人格的乡村居民，一般而言在现实生活中就比较愿意表达自己的情感，对关系的处理也会更积极与热情，所以社交网络只是他们保持关系亲密性的一种补充，与现实不会存在太大差异。而内倾性人格的乡村居民，在现实生活中不善于表达情感，对关系的处理也较为保守，但社交网络的使用，降低了他们面对面表达情感所带来的尴尬与不适应，通过社交网络，他们也更愿意交流和表露情感，所以对网络关系的亲密性会起到积极的影响。

社交网络的使用模式上，社交网络自我表露行为越强的乡村居民，他们的网络人际关系亲密性越高（$\beta = 0.05$，$P < 0.05$）；经常在社交网络中分享信息的乡村居民，其网络人际关系的亲密性越高（$\beta = 0.30$，$P < 0.001$）；在社交网络中寻求娱乐活动多，乡村居民的网络人际关系亲密性就越高（$\beta = 0.26$，$P < 0.001$）。在网络中自我呈现越强，越能够引起其他网络好友的关注，且积极、频繁的信息分享行为，能够提高与好友的互动频率与信息（知识）共享，对于网络关系的亲密性自然有积极的作用，而网络娱乐活动本身就可以好友共同寻求快乐与放松，在娱乐的过程中，对亲密性的程度也会提高。

网络交往动机和投入上，工具性网络交往动机越强，乡村居民的网络人际关系亲密性越高（$\beta = 0.06$，$P < 0.05$）；同样地，情感性网络交往动机越高的乡村居民，他们的网络人际关系亲密

性就越高（β=0.27，P<0.001）。不论是工具性网络交往动机，还是情感性网络交往动机，都是为了达到更好地维护网络人际关系的目的，所以在关系的处理上就会偏向于积极状态，从而有利于产生关系的亲密性，尤其是情感性网络交往动机，对情感的表露更能加以建构关系的亲密性。网络人际交往投入越多，乡村居民越倾向于保持较强的网络人际关系亲密性（β=0.14，P<0.01）。这也说明，投入时间、精力去经营和维系网络人际关系，对网络关系亲密性具有积极影响。

在控制了人口学因素、人格特质、社交网络的使用模式和交往网络动机及网络人际交往投入后，社会临场感越强的乡村居民，他们的网络人际关系亲密性就越高（β=0.07，P<0.01）。社会临场感能让乡村居民对社交网络有一种温暖感和亲近感，让他们感受到强烈的归属感和认同感，而这种感知对于正在交往的人际关系也会有一种促进影响，使得关系的亲密度提高。

四 网络人际信任的影响因素

除了年龄与网络人际信任存在负向显著关系外（β=-0.13，P<0.05）。其余人口学因素都与网络人际信任没有显著关系。年龄越大的乡村居民，他们的网络人际信任度越低。年龄大的乡村居民，受传统思想影响较深，他们对于虚拟空间中的事物往往持较为保守与不信任的态度，而年龄小的乡村居民，虽然生活在乡村社会，但受到的教育和成长于新媒体时代，接触的事情和形成的思想都较为开放，所以对于社会新事物的接受度和认可度较高，信任度也较高。人格特质上，拥有外倾性人格（β=0.05，P<

0.05）和内倾性人格（β＝0.05，P＜0.05）的乡村居民，都具有较高的网络人际信任度。

社交网络的使用模式上，网络自我表露（β＝0.19，P＜0.001）和网络娱乐活动（β＝0.28，P＜0.001）的行为越强，乡村居民的网络信任度越高。愿意在社交网络上自我呈现的用户，对持有相对较高的网络信任度，所以对网络人际信任的程度也会提高，而网络娱乐活动上，如抖音短视频、网络游戏等，虽然是娱乐行为，但在发布短视频和建立游戏团队的过程中，也会逐渐形成对平台和队友的信任度。

网络交往动机和网络人际投入上，无论是工具性网络交往动机（β＝0.09，P＜0.01），还是情感性网络交往动机（β＝0.16，P＜0.01），均能够给乡村居民带来较高的网络人际信任。同样地，使用社交网络对人际交往的投入度越高，乡村居民的网络人际信任度也就越高（β＝0.20，P＜0.001）。带有功利目的的网络人际交往和情感表露的网络人际交往，都是将网络人际关系设立于积极的状态上，希望通过对交往的投入来获得相应的资源、认同与赞赏，这种正向的心理态度对网络人际信任的提升具有较大帮助。

在控制了以上因素后，社会临场感与乡村居民的网络人际信任是显著正向相关关系，即社会临场感越高，乡村居民的网络人际信任度就越高（β＝0.18，P＜0.001）。

通过以上结论可知，社会临场感能对中国乡村居民的网络人际关系（网络人际关系维系、网络人际关系亲密性和网络人际信任）产生显著预测效应，且是积极的影响。

第三节 本章小结

在控制了人口学因素、人格特质、社交网络的使用模式和网络交往动机以及网络人际交往投入后,社会临场感在对乡村居民的网络人际关系影响上具有重要性。也就是,社会临场感越强,乡村居民的网络人际关系维系越强;社会临场感越强的乡村居民,他们的网络人际关系亲密性和网络人际信任度越高。

第五章 社会临场感与乡村居民社会资本的关系

第一节 研究问题与研究框架

一 研究问题

（1）在控制人格特质、社交网络的使用模式、社交网络使用动机和网络人际交往投入后，社会临场感是否还能对中国乡村居民的社会资本（网络社会资本和现实社会资本）产生显著预测效应？如果这种显著效应存在，它应是积极的还是消极的？

（2）社会临场感和社交网络使用动机以及网络人际交往投入是否对中国乡村居民的社会资本（网络社会资本和现实社会资本）具有交互效应？

二 研究框架

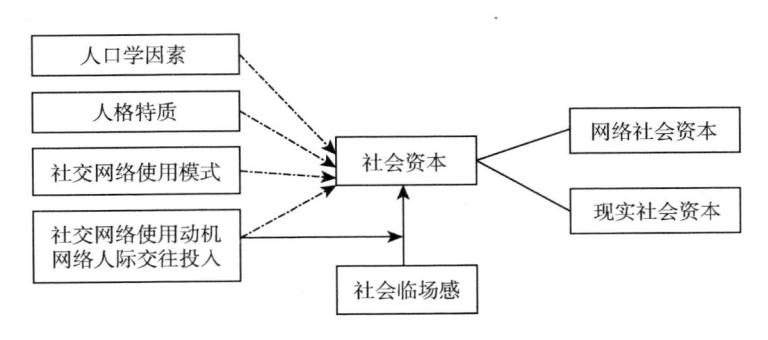

图 5-1 本章的框架

第二节 社会临场感对乡村居民社会资本的影响

一 主要研究变量的相关关系

首先,通过 SPSS 软件的皮尔森相关分析方法来揭示乡村居民社会资本与社会临场感、工具性网络交往动机、情感性网络交往动机与网络人际交往投入的关系。为了能够直观地展现与观察这些主要变量间的相关关系,研究将分析结果用散点图的形式加以呈现(见图 5-2、图 5-3)。

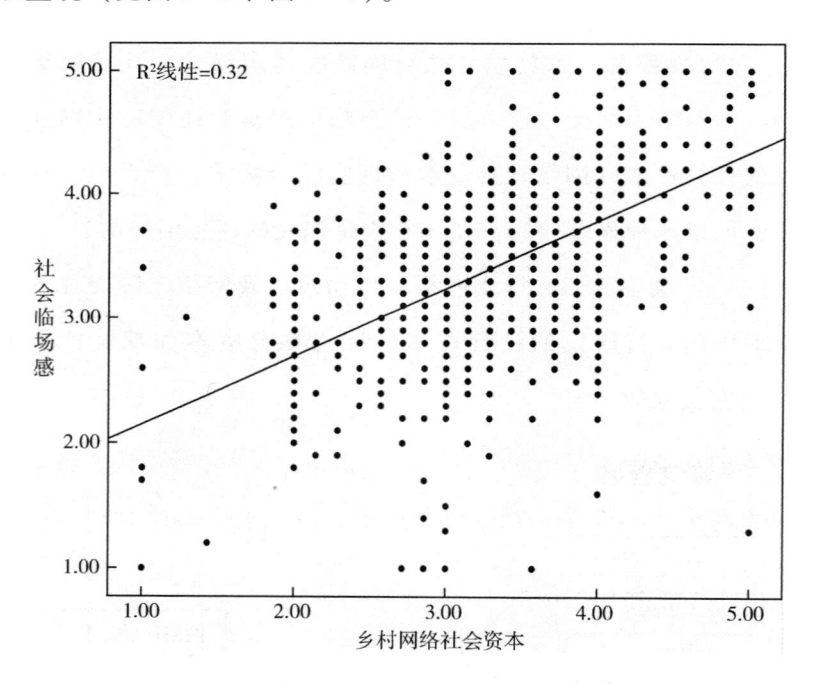

图 5-2 社会临场感与乡村居民网络社会资本

表 5-1 为本书主要变量的均值和标准差,以及双变量之间的相关分析结果。数据分析结果显示,乡村居民社会资本(网络社

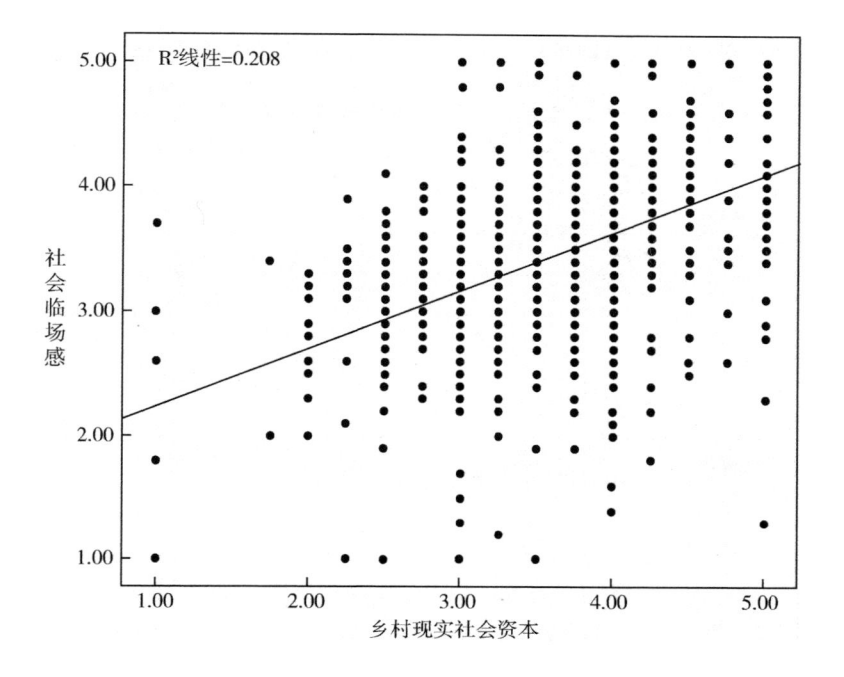

图 5-3　社会临场感与乡村居民现实社会资本

会资本和现实社会资本）的均值都达到了 3 以上，超过阈值 3，这表明乡村居民具有较高的网络社会资本（M = 3.47）和现实社会资本（M = 3.70）。另外，乡村居民的社会临场感、网络交往动机（工具性网络交往动机和情感性网络交往动机）以及网络人际交往投入的均值分别是 3.49、3.45、3.38 和 3.21。因使用 5 级李克特量表测量，所以将中值 3 作为标准，分别对社会临场感、网络交往动机（工具性网络交往动机和情感性网络交往动机）以及网络人际交往投入做单样本 t 检验。结果显示，乡村居民的社会临场感（t = 27.55，$p < 0.001$）、工具性网络交往动机（t = 23.77，$p < 0.001$）、情感性网络交往动机（t = 18.22，$p < 0.001$）和网络人际交往投入（t = 8.82，$p < 0.001$）显著高于量表中值，即乡村居民在使用社交网络时是以积极的社会临场感，较强的工具性网络交往动

机和情感性网络交往动机,以及较高的网络人际交往投入为主。

表 5-1　主要研究变量的均值、标准差和相关矩阵

	1	2	3	4	5	6	7	8	9
1 社会临场感	1								
2 网络自我表露	0.48**	1							
3 网络信息分享	0.55**	0.61**	1						
4 网络娱乐活动	0.58**	0.48**	0.47**	1					
5 工具性网络交往动机	0.54**	0.56**	0.52**	0.38**	1				
6 情感性网络交往动机	0.51**	0.47**	0.44**	0.47**	0.77**	1			
7 网络人际交往投入	0.44**	0.60**	0.49**	0.49**	0.61**	0.64**	1		
8 乡村网络社会资本	0.56**	0.51**	0.59**	0.67**	0.72**	0.73**	0.58**	1*	
9 乡村现实社会资本	0.45**	0.53**	0.62**	0.57**	0.52**	0.45**	0.33**	0.62**	1
M	3.49	3.49	3.70	3.46	3.45	3.38	3.21	3.47	3.70
SD	0.64	0.58	0.66	0.47	0.68	0.75	0.86	0.66	0.63

注:　* $p<0.05$,　** $p<0.01$。

根据表 5-1 和图 5-2、图 5-3 所示,社会临场感与乡村居民的网络社会资本（$r=0.56$,$p<0.01$）和现实社会资本（$r=0.45$,$p<0.01$）存在显著的相关关系。这表明,社会临场感高的乡村居民,网络社会资本和现实社会资本也高。

根据分析结果,网络自我表露（$r=0.51$,$p<0.01$；$r=0.53$,$p<0.01$）、网络信息分享（$r=0.59$,$p<0.01$；$r=0.62$,$p<0.01$）和网络娱乐活动（$r=0.67$,$p<0.01$；$r=0.57$,$p<0.01$）与乡村居民的网络社会资本和现实社会资本都具有显著正向相关关系。工具性网络交往动机与乡村居民的网络社会资本（$r=0.72$,$p<0.01$）和现实社会资本（$r=0.52$,$p<0.01$）都具有显著正

向相关关系。同样地,情感性网络交往动机与乡村居民的网络社会资本($r=0.73$,$p<0.01$)和现实社会资本($r=0.45$,$p<0.01$)也都具有显著正向相关关系。另外,网络人际交往投入和乡村居民的网络社会资本($r=0.58$,$p<0.01$)以及现实社会资本($r=0.33$,$p<0.01$)都具有显著正向相关关系。

这些结果初步为研究问题的回答提供了基础。

二 社会临场感对乡村网络社会资本的影响

本书通过多元线性回归模型对研究假设进行检验。首先,研究将社会临场感和乡村社会资本的两个维度(乡村网络社会资本和乡村现实社会资本)、网络交往动机(工具性网络交往动机和情感性网络交往动机)以及网络人际交往投入的题项分别加总求均值处理。然后将社会临场感与工具性网络交往动机、情感性网络交往动机和网络人际交往投入分别加以乘积即建构交互项。[①]

模型估计了人格特质、社交网络的使用模式、社会临场感、网络交往动机(工具性网络交往动机和情感性网络交往动机)以及网络人际交往投入因素的主效应,方差膨胀因子(VIF)的检验结果显示,这一模型不存在严重的多重共线性问题。另外,在模型中的最后一层检验了交互效应。

在乡村居民网络社会资本方面(表5-2),经过逐步回归分析后,人口学因素对乡村居民网络社会资本没有显著性存在。而人格特质的两个维度均显著正向地影响乡村居民的网络社会资

---

① 温忠麟、刘红云、侯杰泰:《调节效应和中介效应分析》,教育科学出版社2012年版;游淳惠、徐煜:《互联网使用与政治参与关系的再审视:基于2012年台湾地区TCS数据的实证分析》,《国际新闻界》2015年第8期。

本，即不论是外倾性人格（Beta＝0.13，P＝0.00），还是内倾性人格（Beta＝0.13，P＝0.00）的乡村居民，他们的网络社会资本都较高。

表5－2　社会临场感对乡村居民网络社会资本的影响

	Beta	S. E.	Sig.
人口学因素			
性别	－0.02	0.02	0.31
年龄	0.02	0.01	0.30
民族	－0.01	0.03	0.10
教育程度	－0.03	0.01	0.10
婚姻状况	－0.05	0.03	0.80
增长的 R^2（％）		3.3	
人格特质			
外倾性	0.13	0.03	0.00
内倾性	0.13	0.03	0.00
增长的 R^2（％）		28.3	
社交网络的使用模式			
网络自我表露	0.06	0.03	0.08
网络信息分享	0.06	0.04	0.10
网络娱乐活动	0.25	0.05	0.00
增长的 R^2（％）		27.0	
交往动机与交往投入			
工具性网络交往动机	0.32	0.16	0.04
情感性网络交往动机	0.34	0.16	0.07
网络人际交往投入	0.23	0.12	0.15
增长的 R^2（％）		7.9	
社交网络使用的社会心理因素			
社会临场感	0.27	0.06	0.000
增长的 R^2（％）		0.2	
交互效应			
社会临场感×工具性网络交往动机	－0.02	0.05	0.928
社会临场感×情感性网络交往动机	0.01	0.05	0.995

续表

	Beta	S. E.	Sig.
社会临场感×网络人际交往投入	-0.18	0.03	0.429
增长的 R^2 （%）	0.4		
调整后总 R^2	65.6		

在社交网络的使用模式方面，网络娱乐活动能够积极显著地预测乡村居民的网络社会资本，即乡村居民网络娱乐活动的行为越多，他们越容易建立网络社会资本（Beta = 0.25，P = 0.00）。其余使用模式均不存在显著性。

交往动机和投入方面，工具性网络交往动机（Beta = 0.32，P = 0.04）对乡村居民网络社会资本都具有显著正向影响。也就是乡村居民的工具性网络交往动机越强，其网络社会资本就越高，而情感性网络交往动机（Beta = 0.34，P = 0.07）和网络人际交往投入（Beta = 0.23，P = 0.15）均对乡村网络社会资本没有显著影响。

在社交网络使用的社会心理因素上，社会临场感（Beta = 0.27，P = 0.00）与乡村居民的网络社会资本呈现正向显著影响，即乡村居民的社会临场感越强，他们的网络社会资本就越高。

交互效应方面，社会临场感与工具性网络交往动机、情感性网络交往动机和网络人际交往投入的交互均不存在显著性。

三 社会临场感对乡村现实社会资本的影响

在乡村居民现实社会资本方面（表 5-3），经过逐步回归分析后，人口学因素中年龄（Beta = 0.12，P = 0.00）对乡村居民现实社会资本具有显著正向影响，婚姻状况（Beta = 0.06，P = 0.03）对乡村居民网络社会资本也呈现显著正向影响。这也就表明，年龄越大的乡村居民，他们更容易建立现实社会资本；已婚的乡村居民,他们更容易建立现实社会资本。人格特质上,外倾性人格(Beta = 0.10,P = 0.03)和内倾性人格(Beta = 0.11,P = 0.01)都对乡村居民的现实社会资本具有积极的预测效应。

表 5–3　社会临场感对乡村居民现实社会资本的影响

	Beta	S. E.	Sig.
人口学因素			
性别	-0.03	0.03	0.19
年龄	0.12	0.01	0.00
民族	-0.01	0.04	0.96
教育程度	-0.02	0.02	0.39
婚姻状况	0.06	0.04	0.03
增长的 R^2(%)		4.3	
人格特质			
外倾性	0.10	0.04	0.03
内倾性	0.11	0.04	0.01
增长的 R^2(%)		16.0	
社交网络的使用模式			
网络自我表露	-0.02	0.04	0.62
网络信息分享	0.16	0.04	0.001
网络娱乐活动	-0.12	0.05	0.05
增长的 R^2(%)		11.8	
交往动机与投入			
工具性网络交往动机	0.19	0.06	0.003
情感性网络交往动机	-0.04	0.05	0.51
网络人际交往投入	-0.64	0.23	0.04
增长的 R^2(%)		4.9	
社交网络使用的社会心理因素			
社会临场感	0.20	0.08	0.01
增长的 R^2(%)		0.2	
网络社会资本			
乡村网络社会资本	0.50	0.06	0.00
增长的 R^2(%)		8.2	

续表

	Beta	S. E.	Sig.
交互效应			
社会临场感×工具性网络交往动机	0.74	0.06	0.04
社会临场感×情感性网络交往动机	0.09	0.06	0.82
社会临场感×网络人际交往投入	0.84	0.04	0.003
增长的 R^2（%）		10.0	
调整后的总 R^2（%）		43.9	

社交网络的使用模式方面，网络信息分享与乡村居民现实社会资本具有积极影响关系，（Beta = 0.16，P = 0.001），即使用社交网络进行网络信息分享行为越多的乡村居民，他们的现实社会资本就越高。其余使用模式上均不具有显著影响。

交往动机和投入方面，工具性网络交往动机（Beta = 0.19，P = 0.003）对乡村居民现实社会资本都具有显著正向影响。也就是乡村居民的工具性网络交往动机越强，其现实社会资本就越高。此外，网络人际交往投入（Beta = −0.64，P = 0.04）与乡村居民的现实社会资本具有显著负向影响关系，即网络人际交往投入越高的乡村居民，他们的现实社会资本越低。情感性网络交往动机与乡村居民现实社会资本没有显著性。

社交网络使用的社会心理因素上，社会临场感（Beta = 0.20，P = 0.011）对乡村居民现实社会资本具有显著正向影响。乡村居民的社会临场感越强，他们的现实社会资本就越高。

此外，乡村网络社会资本（Beta = 0.50，P = 0.00）与乡村居民的现实社会资本具有显著影响关系，即乡村网络社会资本越高的乡村居，其现实社会资本也越高。

在交互效应上，与乡村网络社会资本不同的是，社会临场感与工具性网络交往动机（Beta = 0.74，P = 0.04）和网络人际交往投入（Beta = 0.84，P = 0.003）的交互存在显著性。也就是社会临场感越强，带有工具性网络交往动机的乡村居民对现实社会资本的建构影响越大，而社会临场感越强，网络人际交往投入越高的乡村居民对现实社会资本的建构影响也就越大。

由上述结论可知，社会临场感能对中国乡村居民的社会资本（网络社会资本和现实社会资本）产生积极的显著效应。而对于社会临场感与社交网络使用动机以及网络人际交往投入的交互项在乡村居民的网络社会资本上没有显著效应，但在乡村居民的现实社会资本上发挥着一定的调节效应。

第三节 本章小结

（1）在控制了人口学因素、人格特质、社交网络的使用模式和社交网络交往动机以及网络人际交往投入后，社交网络使用的社会心理学因素社会临场感对乡村居民的网络社会资本和现实社会资本都具有正向显著相关，即社会临场感越高，乡村居民的网络社会资本和现实社会资本也就越高。

（2）调节效应上，社会临场感与工具性网络交往动机、情感性网络交往动机和网络人际交往投入的交互效应在乡村居民的网络社会资本上不具有显著性，而社会临场感与工具性网络交往动机和网络人际交往投入的交互效应在乡村居民的现实社会资本上具有显著调节效应存在，情感性网络交往动机没有起到调剂作用。

第六章 不同乡村主体的社会临场感与人际交往

第一节 男性和女性乡村居民的社会临场感与人际交往

在持社会性别理论（the theory of social gender）观点的学者们看来，性别角色的差异很大程度上源自社会建构，而非男性和女性在生理上的差异。① 通过大量在临床上对两性的研究，有学者认为"性别角色的呈现是后天社会文化所塑造，与外生殖器的解剖学和生理学无关"。② 这种社会建构一方面影响到了两性的言语风格、衣着服饰、行为举止和处事方法，另一方面也影响到了两性在政治态度上的差异。学界大量的研究证实了男性和女性在

---

① Stolle, "How to Manage Customer Service", *Harvard Business Review*, 46 (November-December), 1968, pp. 85 – 96.
② Money, J., "The Adam Principle: Genes, Genitals, Hormones, and Gender: Selected Readings in Sexology", *Prometheus Books*, 1993.

政治态度①、政治信任②、政治参与③、国家认同④方面存在差异。但对于两性在人际交往上的研究还没有得到较为深入地探讨。媒介发挥着黏合剂的作用此前已被学界加以证实。⑤ 作为信息的传输介质，新媒介不断地将各式各样的信息和态度传播给媒介用户，同时也承担着媒介用户娱乐寻求和自我展现的"舞台"，成为集信息传播、社交互动和娱乐消遣等功能的多元平台，潜移默化地影响着公众的行为。基于这一视角，本书也试图进一步控制性别因素，以呈现男性和女性乡村居民新媒体使用对网络人际交往的影响情况。

一 社会临场感对两性乡村居民网络人际互动效果的影响

当控制人口统计学因素和人格特质后，在社交网络的使用模式方面，网络自我表露对女性乡村居民的网络人际参与这一互动质量具有积极的影响作用，对于熟关系网络互动强度和陌生关系网络互动强度呈现显著正向影响。对于男性乡村居民而言，网络自我表露只对其熟关系网络互动强度产生积极预测效应。网络信息分享对男性和女性乡村居民的网络人际参与这一互动质量和熟关系网络互动强度具有积极的影响作用。网络娱乐活动对男性乡村居民的网络人

---

① Pratto, F., Stallworth, L. M., Sidanius, J., "The gender gap: differences in political attitudes and social dominance orientation", *British Journal of Social Psychology*, 1997, 36 (1): 49.

② Mariën, S., "Trends and gender differences in political participation and political trust, a comparative analysis", *Partirep Working Paper*, 2008, 275 (5307): 1753-1753.

③ Jonescorrea, M., "Different paths: gender, immigration and political participation", *International Migration Review*, 1998, 32 (2): 326-349.

④ Kauer, U., "Nation and gender: female identity in contemporary south african writing", *Current Writing Text & Reception in Southern Africa*, 2003, 15 (2): 106-116.

⑤ Calabrese, A., & Burke, B. R., "American identities: nationalism, the media, and the public sphere", *Journal of Communication Inquiry*, 1992, 16 (2): 52-73.

际参与和感知交流效率具有积极的影响作用，但对互动强度没有影响，而女性乡村居民则仅在网络人际参与这一互动质量上存在显著积极性（见表 6-1）。

表 6-1 社会临场感对男性和女性乡村居民网络人际互动效果的影响

	互动质量		互动强度	
	网络人际参与	感知交流效率	熟关系网络互动强度	陌生关系网络互动强度
人口学因素				
年龄	**-0.09/-0.08**	-0.07/-0.10	0.04/-0.02	**-0.10/-0.08**
民族	-0.02/0.04	-0.10/0.07	0.03/0.06	-0.08/0.03
教育程度	**0.13/0.17**	0.02/-0.04	-0.01/0.04	-0.03/-0.08
婚姻状况	-0.01/0.02	0.05/0.07	-0.04/0.06	0.11/-0.06
增长的 R^2（%）	0.8/0.6	0.5/0.2	0.2/0.3	1.2/0.6
人格特质				
外倾性	**0.12/0.16**	0.07/0.09	0.04/0.08	**0.19/0.16**
内倾性	**0.11/0.15**	0.03/0.05	**0.13/0.17**	**0.10/0.14**
增长的 R^2（%）	6.8/7.7	1.3/2.8	5.4/6.2	9.2/7.8
社交网络使用模式				
网络自我表露	0.08/**0.17**	0.06/0.01	**0.14/0.16**	0.05/**0.10**
网络信息分享	**0.13/0.17**	0.04/0.07	**0.18/0.12**	-0.03/-0.07
网络娱乐活动	**0.21/0.10**	**0.13**/0.08	0.04/0.06	0.09/-0.05
增长的 R^2（%）	14.1/12.7	4.2/2.5	8.1/5.7	0.7/1.4
交往动机与投入				
工具性网络交往动机	**0.15/0.12**	**0.10/0.13**	**-0.18/-0.13**	**0.14/0.11**
情感性网络交往动机	**0.22/0.19**	**0.15/0.13**	**0.31/0.28**	**0.25/0.23**
网络人际交往投入	**0.28/0.17**	**0.17/0.12**	**0.27/0.22**	**0.22/0.17**
增长的 R^2（%）	14.3/10.2	13.7/11.2	14.3/12.8	15.6/12.9
社交网络使用的社会心理因素				
社会临场感	**0.33/0.29**	**0.19/0.16**	**0.31/0.26**	**0.25/0.19**
增长的 R^2（%）	5.8/3.9	7.1/6.2	9.3/8.1	3.2/4.6
调整后总 R^2（%）	39.7/34.7	25.2/20.8	36.8/32.5	26.9/27.1

注：表中数据呈现方式为男性/女性，加粗表明存在显著性。男性（N=639）、女性（N=523）。

在交往动机和投入上，工具性网络交往动机越强，男性和女性乡村居民的互动质量（网络人际参与、感知交流效率）就越高，且对陌生关系网络互动强度的影响也具有积极性，但却对熟关系网络互动强度的影响呈现负面性。情感性网络交往动机越强，男性和女性乡村居民的网络人际互动效果就越强。网络人际交往投入度越高，男性和女性乡村居民的网络人际互动效果就越强。

社交网络使用的社会心理因素上，社会临场感对男性和女性乡村居民的网络人际互动质量（网络人际参与、感知交流效率）和网络人际互动强度（熟关系网络互动强度、陌生关系网络互动强度）均发挥着显著积极的影响效应。从回归系数可以看出，男性乡村居民的社会临场感发挥的积极效应要高于女性乡村居民。具体而言，男性和女性乡村居民的社会临场感表现带来的网络人际参与情况优于感知交流效率，且对熟关系网络互动强度的影响要高于对陌生关系网络互动强度的影响。

二 社会临场感对两性乡村居民网络人际关系质量的影响

当控制人口统计学因素和人格特质后，在社交网络的使用模式方面，网络自我表露对男性和女性乡村居民的网络人际关系维系和网络人际信任具有积极的影响作用，即无论男性还是女性乡村居民，使用社交网络进行自我呈现越多，他们就更倾向于具有较高的网络人际关系维系倾向和较高的网络人际信任程度。网络信息分享对女性乡村居民的网络人际关系亲密性具有积极的影响作用，即使用社交网络分享信息越多的女性乡村居民，他们的网络人际关系亲密度就越高。网络娱乐活动对男性和女性乡村居民的网络人际关系维系、网络人际关系亲密性具有积极的影响作用，男性和女性乡村居民的网络娱乐活动越强,他们就更倾向于通过社交网络维系网络人际关系,且表现出较强的网络人际关系亲密性。但在网络人际信任上的表现却不一致,男性乡村居民的网络娱乐活动更能带来网络人际信任的发生,而女性乡村居民则不存在影响(见表6-2)。

表6-2 社会临场感对男性和女性乡村居民网络人际关系质量的影响

	网络人际关系维系	网络人际关系亲密性	网络人际信任
人口学因素			
年龄	-0.03/-0.02	-0.04/-0.01	0.01/0.06
民族	0.01/-0.04	-0.02/-0.02	0.03/0.04
教育程度	-0.06/-0.02	0.08/0.04	**-0.10**/0.05
婚姻状况	0.01/0.08	-0.04/0.02	0.07/0.03
增长的 R^2 (%)	0.7/0.2	0.8/1.1	5.8/0.7
人格特质			
外倾性	**0.11/0.13**	**0.15/0.24**	0.02/0.01
内倾性	**0.18/0.20**	0.05/0.02	0.05/0.02
增长的 R^2 (%)	20.2/23.8	11.1/15.3	0.4/0.6
社交网络的使用模式			
网络自我表露	**0.10/0.15**	0.08/0.03	**0.21/0.25**
网络信息分享	0.07/0.05	0.06/**0.12**	-0.06/0.03
网络娱乐活动	**0.23/0.18**	**0.35/0.28**	**0.09**/0.05
增长的 R^2 (%)	8.1/6.9	10.3/13.6	7.3/7.9
交往动机和投入			
工具性网络交往动机	**0.18**/0.09	-0.05/-0.01	-0.09/-0.02
情感性网络交往动机	0.07/**0.12**	**0.24/0.18**	**0.11/0.17**
网络人际交往投入	**0.12/0.17**	0.08/0.06	**0.16/0.12**
增长的 R^2 (%)	9.5/8.4	4.4/6.7	8.9/6.3
社交网络使用的社会心理因素			
社会临场感	**0.38/0.27**	**0.21/0.24**	**0.14/0.17**
增长的 R^2 (%)	8.7/7.2	4.6/7.2	3.2/2.2
调整后总 R^2 (%)	45.8/45.5	30.8/40.7	25.3/16.9

注:表中数据呈现方式为男性/女性,加粗表明存在显著性。男性(N=639)、女性(N=523)。

在交往动机和投入上，工具性网络交往动机越强，男性乡村居民的网络人际关系维系就越强，这与女性乡村居民相反，女性乡村居民的情感性网络交往动机越强，则网络人际关系维系就越强。此外，情感性网络交往动机对于男性和女性乡村居民在网络人际交往亲密性和网络人际信任上的影响具有一致性，都能够带来较高的网络人际交往亲密性和网络人际信任。网络人际交往投入度越高，男性和女性乡村居民的网络人际关系维系、网络人际关系亲密性和网络人际信任越强。

社交网络使用的社会心理因素上，无论是男性乡村居民，还是女性乡村居民，在控制了人口学因素、人格特质、社交网络的使用模式和网络交往动机以及网络人际交往投入后，社会临场感对他们的网络人际关系（网络人际关系维系、网络人际关系亲密性、网络人际信任）均具有显著正向的影响。这也说明社交网络使用的社会心理因素，即社会临场感不仅对男性乡村居民，也对女性乡村居民的网络人际关系质量具有较大的重要性。

三 社会临场感对两性乡村居民社会资本效果的影响

当控制人口统计学因素和人格特质后，在社交网络的使用模式方面，男性和女性乡村居民的网络娱乐活动和网络信息分享越强，他们的网络社会资本和现实社会资本就越高。网络娱乐活动越强，男性乡村居民的网络社会资本和现实社会资本就越高，乡村女性的网络社会资本也越高，但乡村女性的现实社会资本没有显著影响。

在交往动机和投入上，工具性网络交往动机越强的男性乡村居民，其网络社会资本就越高，而情感性网络交往动机越强，男性和女性乡村居民的网络社会资本和现实社会资本就越高。网络人际交往投入对男性和女性乡村居民网络社会资本和现实社会资本都呈现正向积极显著性,即男性和女性乡村居民的网络交往投入度越高,他们的网络社会资本和现实社会资本就越强(见表6-3)。

表6-3 社会临场感对男性和女性乡村居民社会资本的影响

	男性		女性	
	网络社会资本	现实社会资本	网络社会资本	现实社会资本
人口学因素				
年龄	-0.06	0.06	0.04	0.01
民族	0.008	0.05	0.08	0.03
教育程度	**0.15**	**0.11**	**0.12**	**0.14**
婚姻状况	0.03	0.06	0.05	0.07
增长的 R^2(%)	1.8	0.9	2.3	3.1
人格特质				
外倾性	**0.17**	**0.12**	**0.18**	**0.11**
内倾性	**0.10**	0.05	**0.12**	0.09
增长的 R^2(%)	11.7	7.3	10.9	6.2
社交网络的使用模式				
网络自我表露	**0.11**	**0.09**	**0.22**	**0.14**
网络信息分享	**0.13**	**0.17**	**0.09**	**0.14**
网络娱乐活动	**0.21**	**0.18**	**0.17**	0.06
增长的 R^2(%)	22.5	12.7	8.3	7.4
交往动机与投入				
工具性网络交往动机	**0.17**	0.06	0.07	0.05
情感性网络交往动机	**0.36**	**0.21**	**0.31**	**0.10**
网络人际交往投入	**0.30**	**0.18**	**0.11**	**0.16**
增长的 R^2(%)	10.7	9.8	5.9	3.6
社交网络使用的社会心理因素				
社会临场感	**0.27**	**0.24**	**0.22**	**0.19**
增长的 R^2(%)	5.8	3.5	6.7	3.7
乡村网络社会资本	—	**0.26**	—	**0.22**
增长的 R^2(%)	7.7	8.2	6.9	8.8
调整后的总 R^2(%)	58.6	40.6	40.7	30.8

注:表中数据加粗表明存在显著性。男性(N=639)、女性(N=523)。

社交网络使用的社会心理因素上，在控制了人口学因素、人格特质、社交网络的使用模式和网络交往动机以及网络人际交往投入后，无论是男性乡村居民，还是女性乡村居民，社会临场感均正向显著影响乡村居民的网络社会资本，即社会临场感越高，男性和女性乡村居民的网络社会资本和现实社会资本均呈较高状态。通过标准化回归系数可知，男性和女性乡村居民社会临场感对网络社会资本的影响力度要高于对现实社会资本的影响。

此外，乡村网络社会资本越高的男性和女性乡村居民越会带来较高的现实社会资本。

第二节 乡村青年的社会临场感与人际交往

乡村青年是乡村核心的主体力量。由于乡村青年大多都接受过学校教育，所以在价值观和思想开放性上要高于其他乡村居民，同时乡村青年从小大多生活于数字媒介时代，对新事物和新技术的接受能力较强。乡村青年作为乡土社会中新技术的创新者和采纳者，无疑给其日常生活带来了较大的影响，是其非常重要的沟通和表达方式。本书希望能够探索乡村青年这一群体的新媒体使用对其人际交往影响的情况。

一 社会临场感对乡村青年网络人际互动效果的影响

当控制人口统计学因素和人格特质后，在社交网络的使用模式方面，网络自我表露对乡村青年的网络人际参与这一互动质量具有积极的影响作用，而不会带来感知交流效率的提高，在互动强度上，网络自我表露对于熟关系网络互动强度和陌生关系网络互动强度均呈现显著正向影响。同样地，网络信息分享对乡村青年的网络人际参与这一互动质量具有积极的影响作用，而不会带来感知交流效率的提高，在互动强度上，网络信息分享对于熟关系网络互动强度和陌生关系网络互动强度均呈现出显著正向影响。网络娱乐活动对乡村青年的人际互动质量（网络人际参与和感知交流效率）和陌生关系网络互动强度具有积极的影响作用（见表6-4）。

表6-4 社会临场感对乡村青年网络人际互动效果的影响（N=868）

	互动质量		互动强度	
	网络人际参与	感知交流效率	熟关系网络互动强度	陌生关系网络互动强度
人口学因素				
性别	0.05	0.02	0.03	0.07
年龄	0.08	0.07	0.05	0.02
民族	0.02	0.06	0.03	0.01
教育程度	**0.15**	**0.10**	**0.23**	**0.19**
婚姻状况	-0.01	0.05	-0.07	0.06
增长的 R^2（%）	3.2	1.7	2.4	0.6
人格特质				
外倾性	**0.20**	**0.18**	**0.27**	**0.24**
内倾性	**0.17**	**0.10**	**0.14**	**0.13**
增长的 R^2（%）	8.2	6.3	4.2	6.6
社交网络使用模式				
网络自我表露	**0.22**	0.05	**0.31**	**0.13**
网络信息分享	**0.16**	0.07	**0.23**	**0.18**
网络娱乐活动	**0.21**	**0.25**	0.04	**0.15**
增长的 R^2（%）	13.4	8.4	10.3	7.5
交往动机与投入				
工具性网络交往动机	**0.24**	**0.18**	**-0.24**	**0.17**
情感性网络交往动机	**0.20**	**0.19**	**0.35**	**0.31**

续表

	互动质量		互动强度	
	网络人际参与	感知交流效率	熟关系网络互动强度	陌生关系网络互动强度
网络人际交往投入	**0.31**	**0.20**	**0.22**	**0.24**
增长的 R^2（%）	12.3	9.1	13.6	15.3
社交网络使用的社会心理因素				
社会临场感	**0.35**	**0.26**	**0.23**	**0.31**
增长的 R^2（%）	6.9	4.8	5.4	11.6
调整后总 R^2（%）	43.8	29.6	33.7	39.8

注：表中数据加粗表明存在显著性。

在交往动机和投入上，工具性网络交往动机越强，乡村青年的互动质量（网络人际参与、感知交流效率）就越高，且对陌生关系网络互动强度的影响也具有积极性，但却对熟关系网络互动强度的影响呈现负面性。情感性网络交往动机越强，乡村青年的网络人际互动效果互动质量、互动强度就越强。网络人际交往投入度越高，乡村青年的网络人际互动效果互动质量、互动强度就越强。

社交网络使用的社会心理因素上，社会临场感对乡村青年的网络人际互动质量（网络人际参与、感知交流效率）和网络人际互动强度（熟关系网络互动强度、陌生关系网络互动强度）均发挥着显著积极的影响效应。从回归系数可以看出，乡村青年社会临场感对于网络人际参与这一人际互动质量和陌生关系网络互动强度这一人际互动强度要高于对感知交流效率和熟关系网络互动强度的影响。

二 社会临场感对乡村青年网络人际关系质量的影响

当控制人口统计学因素和人格特质后，在社交网络的使用模式方面，网络自我表露对乡村青年的网络人际关系维系、网络人际关系亲密性和网络人际信任具有积极的影响作用，即使用社交网络进行自我呈现越多，乡村青年就更倾向于具有较高的网络人际关系维系倾向和较高的网络人际关系亲密性以及网络人际信任程度。网络信息分享对乡村青年的网络人际关系维系具有积极的影响作用，即使用社交网络分享信息越多的乡村青年，他们的网络人际关系维系程度就越高。网络娱乐活动对乡村青年的网络人际关系维系、网络人际关系亲密性具有积极的影响作用，他们通过社交网络维系较强的网络人际关系，且强化网络人际关系亲密性，但却不能产生网络人际信任（见表6-5）。

表6-5 社会临场感对乡村青年网络人际关系质量的影响（N=868）

	网络人际关系维系	网络人际关系亲密性	网络人际信任
人口学因素			
性别	0.03	0.06	0.02
年龄	-0.05	-0.01	0.03
民族	0.07	0.04	0.03
教育程度	**0.21**	**0.17**	**-0.13**
婚姻状况	0.03	-0.03	0.05
增长的 R^2（%）	1.7	1.0	1.4
人格特质			
外倾性	**0.22**	**0.20**	**0.12**
内倾性	**0.18**	**0.13**	0.05
增长的 R^2（%）	10.3	5.8	3.6
社交网络的使用模式			
网络自我表露	**0.27**	**0.24**	**0.24**
网络信息分享	**0.16**	0.06	**0.17**
网络娱乐活动	**0.14**	**0.16**	0.03
增长的 R^2（%）	12.5	5.7	3.8
交往动机和投入			
工具性网络交往动机	**0.17**	-0.05	-0.03
情感性网络交往动机	**0.20**	**0.33**	**0.28**

续表

	网络人际关系维系	网络人际关系亲密性	网络人际信任
网络人际交往投入	**0.24**	**0.23**	**0.37**
增长的 R^2（%）	8.5	6.9	5.8
社交网络使用的社会心理因素			
社会临场感	**0.37**	**0.36**	**0.25**
增长的 R^2（%）	2.7	4.2	1.6
调整后总 R^2（%）	33.4	22.6	16.3

注：表中数据加粗表明存在显著性。

在交往动机和投入上，工具性网络交往动机越强，乡村青年的网络人际关系维系就越强，此外，情感性网络交往动机对于乡村青年在网络人际关系维系、网络人际关系亲密性和网络人际信任上的影响具有一致性，都能够带来较高的网络人际关系维系程度、网络人际关系亲密性和网络人际信任。网络人际交往投入度越高，乡村青年的网络人际关系维系、网络人际关系亲密性和网络人际信任越强。

社交网络使用的社会心理因素上，在控制了人口学因素、人格特质、社交网络的使用模式和网络交往动机以及网络人际交往投入后，社会临场感对乡村青年的网络人际关系（网络人际关系维系、网络人际关系亲密性、网络人际信任）具有显著正向的影响。这说明社交网络使用的社会心理因素，即社会临场感对乡村青年的网络人际关系质量具有较大的重要性。具体而言，从标准化回归系数上来看，社会临场感对乡村青年的网络人际关系维系程度影响最大，其次为网络人际关系亲密性和网络人际信任。

三 社会临场感对乡村青年社会资本的影响

对于农民与社会资本这一对关系来说，乡村青年社会资本一直是作为维持乡村社会秩序、整合乡村资源和保持乡村自身平衡的主要资源。[①] 但近年来，国内一些乡镇出现"空心化"的现象，在很大程度上给乡村青年社会资本的发展带来了不良的影响。不过，随着社交网络技术对乡村社会的不断嵌入，使得乡村社会从"离散化"转向再次聚合，并且实现"半熟人社会"向"熟人社会"的转变。[②] 由此，乡村青年社会资本在遇到社交网络技术后又一次得到了新的发展机会。鉴于此，在当前社会转型时期，社交网络技术与乡村青年社会资本之间的关系显得尤为重要（见表6-6）。

表6-6　社会临场感对乡村青年社会资本的影响（N=868）

	网络社会资本	现实社会资本
人口学因素		
性别	-0.01	-0.04
年龄	0.01	**0.11**
民族	-0.01	-0.02
教育程度	-0.02	-0.05
婚姻状况	-0.02	**0.10**
增长的R^2（%）	3.8	4.9
人格特质		
外倾性	**0.17**	**0.13**
内倾性	**0.15**	**0.17**
增长的R^2（%）	17.3	14.7
社交网络的使用模式		
网络自我表露	0.09	**0.21**
网络信息分享	**0.14**	**0.12**
网络娱乐活动	**0.27**	0.08

---

① 王春娟：《农民社会资本的缺失与重构》，《中州学刊》2015年第4期。
② 牛耀红：《在场与互训：微信群与乡村秩序维系——基于一个西部农村的考察》，《新闻界》2017年第8期。

续表

	网络社会资本	现实社会资本
增长的 R^2 （%）	14.3	9.8
交往动机与交往投入		
工具性网络交往动机	0.11	**0.21**
情感性网络交往动机	**0.19**	0.13
网络人际交往投入	**0.21**	−0.57
增长的 R^2 （%）	6.8	5.6
社交网络使用的社会心理因素		
社会临场感	**0.33**	**0.23**
增长的 R^2 （%）	3.8	2.5
调整后总 R^2 （%）	45.7	35.2

注：表中数据加粗表明存在显著性。

网络自我表露是个体使用媒介行为的一种对外展示行为，这种行为在于将自我的一些信息呈现给他人的一种行为过程。[①] 对于乡村青年而言，他们的自我表露行为基本发生于微信、QQ等高社交型媒介中，而在这类型的媒介使用中，他们基本只会与强关系个体保持交往。一方面通过社交网络进行自我表露，能够更好地促进乡村青年与好友之间的关系，提高交往的亲密性，利于获得情感性的帮助；另一方面，网络自我表露有助于自我展现，让家人和亲朋好友更好地了解自己，增进彼此之间的信任度，利于获得实质性的帮助。因此，网络自我表露行为有利于乡村青年建构强关系型现实社会资本，而对于异质性较强，交往较为宽泛与浅层的弱关系型网络社会资本没有明显提升。

乡村青年会经常将一些自己获得的信息进行分享，而这种分享会发生在熟关系网络交往中，也会发生于异质性较高的弱关系

---

① 申琦：《自我表露与社交网络隐私保护行为研究——以上海市大学生的微信移动社交应用（APP）为例》，《新闻与传播研究》2015年第4期。

交往圈子中。信息分享行为作为个体自我价值和能力的体现，乡村青年选择将信息进行分析时是希望信息能够帮助到有需要的他人或者起到传播，甚至警醒的作用，这种行为本身带有一种感情倾向性，体现了利他主义的精神，而这种利他主义的行为背后，也存在着自我价值和能力凸显的心理，希望能够借由这种信息分享行为收获认可和交往的可能。此外，网络信息分享行为并不是一种由某一个体固定发生的行为，而是会聚在一起的个体均会无私分享自己所获得的信息，这种信息共享行为也能带来个体资本转换与反馈的意识。因此，网络信息分享行为，不仅有利于强化网络社会资本，也能对现实社会资本产生积极增加效应。

传统媒体时代，乡村青年能聚在一起观看电视，这种娱乐行为能够聚合乡亲邻里一块共享娱乐，分享快乐，而现在的乡村社会，几乎每个村民都拥有了智能手机，便于他们寻求个人化的娱乐需求，使得网络娱乐行为逐渐变得私人化。网络娱乐活动重在个体自我身心的放松，以及时间上的打发，这种行为较少会触及别人对个体情感上的支持与实质性的帮助，因此对于黏结型社会资本的建构难以产生影响。但是对于乡村青年而言，网络娱乐活动可以有助网络社会资本的提升，这是因为乡村青年在进行网络游戏行为时，往往会接触异质性较高、交往较为宽泛与浅层的弱关系，而通过这种娱乐行为的不断强化，弱关系会逐渐脱离游戏社区，进入乡村青年的高语境社交网络中，形成相对固定与持久的娱乐伙伴关系。

在交往动机和投入上，工具性网络交往动机越强，乡村青年的现实社会资本就越强，但网络社会资本不受影响。此外，情感性网络交往动机对于乡村青年在网络社会资本和现实社会资本上的影响具有一致性,都能够带来较高的网络社会资本和现实社会资本。网络人际交往投入度越高,乡村青年的网络社会资本越高,而现实社会资本就越低。

社交网络使用的社会心理因素上,在控制了人口学因素、人格特质、社交网络的使用模式和网络交往动机以及网络人际交往投入后,社会临场感对乡村青年的网络社会资本和现实社会资本均具有显著正向的影响。具体而言,从标准化回归系数上来看,社会临场感对乡村青年的网络社会资本影响要高于现实社会资本。

第三节 少数民族乡村居民的社会临场感与人际交往

少数民族因具有自身民族习俗和文化,与汉族在生活方式以及开放程度、文化习惯上具有一定的差异。对于少数民族乡村居民,又因生活环境的不同,与生活在城市中的少数民族在价值观念和思想以及行为方式上存在着差异。少数民族乡村居民一般而言是比较聚集的群体,所以他们具有更高的群体生活方式和价值观。但随着新媒体技术的不断嵌入,少数民族乡村也在不断地被现代化,对少数民族乡民的日常生活也进行着新的实践性变迁。本书希望能够探索少数民族乡村居民这一特殊群体,以期呈现其在新媒体技术影响下的人际交往情况。

一 社会临场感对少数民族乡村居民网络人际互动效果的影响

当控制人口统计学因素和人格特质后,在社交网络的使用模式方面，网络自我表露对少数民族乡村居民的网络人际参与这一互动质量具有积极的影响作用，而不会带来感知交流效率的提高，在互动强度上，网络自我表露对于熟关系网络互动强度和陌生关系网络互动强度均呈现显著正向影响。同样地，网络信息分享对少数民族乡村居民的网络人际参与这一互动质量具有积极的影响作用，而不会带来感知交流效率的提高，在互动强度上，网络自我表露对于熟关系网络互动强度和陌生关系网络互动强度均呈现出显著正向影响。网络娱乐活动对少数民族乡村居民的人际互动质量（网络人际参与、感知交流效率）和陌生关系网络互动强度具有积极的影响作用（见表6-7）。

表6-7 社会临场感对少数民族乡村居民网络人际互动效果的影响

(N=327)

	互动质量		互动强度	
	网络人际参与	感知交流效率	熟关系网络互动强度	陌生关系网络互动强度
人口学因素				
性别	0.01	0.03	0.06	0.03
年龄	0.03	0.07	0.09	0.02
教育程度	**0.17**	**0.11**	**0.13**	**0.09**
婚姻状况	-0.02	0.04	-0.08	0.09
增长的 R^2（%）	2.1	1.4	2.2	0.8
人格特质				
外倾性	**0.13**	**0.12**	**0.17**	**0.14**
内倾性	**0.11**	**0.09**	**0.14**	**0.11**
增长的 R^2（%）	3.2	1.8	2.4	6.7
社交网络使用模式				
网络自我表露	**0.27**	0.07	**0.26**	**0.11**
网络信息分享	**0.19**	0.10	**0.31**	**0.23**
网络娱乐活动	**0.33**	**0.28**	0.07	**0.17**

续表

	互动质量		互动强度	
	网络人际参与	感知交流效率	熟关系网络互动强度	陌生关系网络互动强度
增长的 R^2（%）	12.2	11.4	8.3	8.7
交往动机与投入				
工具性网络交往动机	**0.27**	**0.17**	**−0.20**	**0.19**
情感性网络交往动机	**0.21**	**0.15**	**0.32**	**0.33**
网络人际交往投入	**0.31**	**0.18**	**0.24**	**0.29**
增长的 R^2（%）	10.4	11.3	13.1	14.6
社交网络使用的社会心理因素				
社会临场感	**0.38**	**0.29**	**0.26**	**0.32**
增长的 R^2（%）	7.3	6.2	10.4	8.4
调整后总 R^2（%）	34.8	29.8	36.1	37.7

注：表中数据加粗表明存在显著性。

在交往动机和投入上，工具性网络交往动机越强，少数民族乡村居民的互动质量（网络人际参、感知交流效率）就越高，且对陌生关系网络互动强度的影响也具有积极性，但却对熟关系网络互动强度的影响呈现负面性。情感性网络交往动机越强，少数民族乡村居民的网络人际互动效果（互动质量、互动强度）就越强。网络人际交往投入度越高，少数民族乡村居民的网络人际互动效果（互动质量、互动强度）就越强。

社交网络使用的社会心理因素上，社会临场感对少数民族乡村居民的网络人际互动质量（网络人际参与、感知交流效率）和网络人际互动强度（熟关系网络互动强度、陌生关系网络互动强度）均发挥着显著积极的影响效应。从回归系数可以看出，少数民族乡村居民社会临场感对于网络人际参与这一人际互动质量和陌生关系网络互动强度这一人际互动强度要高于对感知交流效率和熟关系网络互动强度的影响。

二 社会临场感对少数民族乡村居民网络人际关系质量的影响

当控制人口统计学因素和人格特质后,在社交网络的使用模式方面,网络自我表露对少数民族乡村居民的网络人际关系维系、网络人际关系亲密性和网络人际信任具有积极的影响作用,即使用社交网络进行自我呈现越多,少数民族乡村居民就更倾向于具有较高的网络人际关系维系倾向和较高的网络人际关系亲密性以及网络人际信任程度。网络信息分享对少数民族乡村居民的网络人际关系维系具有积极的影响作用,即使用社交网络分享信息越多的少数民族乡村居民,他们的网络人际关系维系程度就越高。网络娱乐活动对少数民族乡村居民的网络人际关系维系、网络人际关系亲密性具有积极的影响作用,他们更倾向于通过社交网络维系网络人际关系,且表现出较强的网络人际关系亲密性,但却不能带来网络人际信任(见表6-8)。

表6-8 社会临场感对少数民族乡村居民网络人际关系质量的影响（N=327）

	网络人际关系维系	网络人际关系亲密性	网络人际信任
人口学因素			
性别	0.03	0.05	0.01
年龄	-0.02	-0.04	0.06
教育程度	**0.17**	**0.21**	**-0.15**
婚姻状况	0.01	-0.03	0.07
增长的 R^2（%）	1.5	1.8	1.2
人格特质			
外倾性	**0.19**	**0.20**	**0.10**
内倾性	**0.15**	**0.17**	0.06
增长的 R^2（%）	11.1	9.3	3.2

续表

	网络人际关系维系	网络人际关系亲密性	网络人际信任
社交网络的使用模式			
网络自我表露	**0.22**	**0.17**	**0.20**
网络信息分享	**0.26**	0.03	**0.15**
网络娱乐活动	**0.19**	0.12	0.06
增长的 R^2（%）	13.7	6.7	4.8
交往动机和投入			
工具性网络交往动机	**0.14**	-0.05	-0.03
情感性网络交往动机	**0.19**	**0.27**	**0.24**
网络人际交往投入	**0.22**	**0.28**	**0.31**
增长的 R^2（%）	5.6	3.4	4.9
社交网络使用的社会心理因素			
社会临场感	**0.38**	**0.33**	**0.34**
增长的 R^2（%）	3.4	3.2	2.8
调整后总 R^2（%）	33.8	22.9	16.3

注：表中数据加粗表明存在显著性。

在交往动机和投入上，工具性网络交往动机越强，少数民族乡村居民的网络人际关系维系就越强，此外，情感性网络交往动机对于少数民族乡村居民在网络人际关系维系、网络人际关系亲密性和网络人际信任上的影响具有一致性，都能够带来较高的网络人际关系维系程度、网络人际关系亲密性和网络人际信任。网络人际交往投入度越高，少数民族乡村居民的网络人际关系维系、网络人际关系亲密性和网络人际信任越强。

社交网络使用的社会心理因素上，在控制了人口学因素、人格特质、社交网络的使用模式和网络交往动机以及网络人际交往投入后，社会临场感对少数民族乡村居民的网络人际关系（网络人际关系维系、网络人际关系亲密性、网络人际信任）均具有显著正向的影响。这说明社交网络使用的社会心理因素，即社会临场感对少数民族乡村居民的网络人际关系质量具有较大的重要性。具体而言,从标准化回归系数上来看,社会临场感对乡村青年的网络人际关系维系程度影响最大,其次为网络人际关系亲密性和网络人际信任。

三 社会临场感对少数民族乡村居民社会资本的影响

当控制人口统计学因素和人格特质后,在社交网络的使用模式方面,网络自我表露对少数民族乡村居民的网络社会资本和现实社会资本具有积极的影响作用,即使用社交网络进行自我呈现越多,少数民族乡村居民就更倾向于具有较高的网络社会资本和现实社会资本。网络信息分享对少数民族乡村居民的网络社会资本和现实社会资本具有积极的影响作用,即使用社交网络分享信息越多的少数民族乡村居民,他们的网络社会资本和现实社会资本程度就越高。网络娱乐活动对少数民族乡村居民的网络社会资本具有积极的影响作用,他们通过社交网络能够获得网络社会资本,但不能带来现实社会资本(见表6-9)。

表6-9 社会临场感对少数民族乡村居民社会资本的影响($N=327$)

	网络社会资本	现实社会资本
人口学因素		
性别	-0.03	-0.02
年龄	0.07	0.05
教育程度	**0.12**	**0.15**
婚姻状况	0.02	0.03
增长的 R^2(%)	2.6	3.4
人格特质		
外倾性	**0.27**	**0.23**
内倾性	**0.25**	**0.19**

续表

	网络社会资本	现实社会资本
增长的 R^2（%）	13.7	12.5
社交网络的使用模式		
网络自我表露	**0.19**	**0.18**
网络信息分享	**0.24**	**0.22**
网络娱乐活动	**0.36**	0.07
增长的 R^2（%）	11.9	10.6
交往动机与交往投入		
工具性网络交往动机	0.11	0.07
情感性网络交往动机	**0.31**	**0.24**
网络人际交往投入	**0.33**	**−0.26**
增长的 R^2（%）	7.6	5.8
社交网络使用的社会心理因素		
社会临场感	**0.34**	**0.27**
增长的 R^2（%）	3.4	2.8
网络社会资本	—	**0.48**
增长的 R^2（%）	—	12.3
调整后总 R^2（%）	37.4	45.6

注：表中数据加粗表明存在显著性。

在交往动机和投入上，工具性网络交往动机对于少数民族乡村居民没有显著影响，而情感性网络交往动机对于少数民族乡村居民在网络社会资本和现实社会资本上的影响具有一致性，都能够带来较高的网络社会资本和现实社会资本。网络人际交往投入度越高，少数民族乡村居民的网络社会资本就越高，而现实社会资本则越低。

社交网络使用的社会心理因素上，在控制了人口学因素、人格特质、社交网络的使用模式和网络交往动机以及网络人际交往投入后，社会临场感对少数民族乡村居民的网络社会资本和现实社会资本均具有显著正向的影响。具体而言，从标准化回归系数上来看，社会临场感对少数民族乡村居民的网络社会资本影响要高于现实社会资本。

第四节 东部、中部和西部乡村居民的社会临场感与人际交往

张志安、沈菲通过对中国受众媒介使用的地区差异研究,发现东部、中部和西部地域的受众存在差异化的媒介使用行为,而造成这一局面的原因包括经济发展水平、媒介竞争状况、区域政治文化等多种因素。① 基于这一思路,本书也试图进一步控制地域因素,以呈现东部(山东省和江苏省)、中部(湖南省和江西省)和西部(云南省、湖北恩施和甘肃省)地区乡村居民社会临场感对网络人际互动的影响情况。

一 社会临场感对不同地域乡村居民网络人际互动效果的影响

当控制人口统计学因素和人格特质后,在社交网络的使用模式方面,网络自我表露对中部乡村居民的陌生关系网络互动强度具有积极的影响作用,对东部和西部都不存在影响效应。网络信息分享对东部和中部乡村居民的网络人际参与和熟关系网络互动强度具有积极的影响作用,西部的网络人际参与和陌生关系网络互动强度具有积极的影响作用。网络娱乐活动对东部乡村居民的网络人际参与具有积极的影响作用,对西部乡村居民陌生关系网络互动强度具有积极的影响作用(见表6-10)。

---

① 张志安、沈菲:《中国受众媒介使用的地区差异比较》,《新闻大学》2012年第6期。

表 6-10 社会临场感对不同地域乡村居民网络人际互动效果的影响

	互动质量		互动强度	
	网络人际参与	感知交流效率	熟关系网络互动强度	陌生关系网络互动强度
人口学因素				
性别	−0.05/−0.02/0.02	−0.04/0.04/0.07	−0.05/−0.07/−0.09	0.16/**0.19**/0.05
年龄	0.02/−0.03/−0.01	−0.04/0.01/−0.01	0.03/−0.01/−0.01	−0.16/−0.01/−0.06
民族	−0.02/**0.15**/0.03	−0.10/0.09/0.05	0.05/**0.19**/0.06	−0.48/0.05/0.11
教育程度	**0.12**/0.07/0.02	0.02/−0.04/−0.01	−0.01/0.04/0.01	−0.03/−0.08/0.03
婚姻状况	−0.01/**0.20**/−0.03	0.01/0.10/−0.02	−0.05/0.09/−0.02	0.20/−0.04/0.06
增长的 R^2（%）	0.6/0.5/0.9	1.2/2.4/1.1	2.8/6.3/1.8	3.2/2.1/0.8
人格特质				
外倾性	−0.02/−0.06/−0.03	0.06/−0.06/0.05	−0.02/0.06/**0.21**	0.07/**0.26/0.28**
内倾性	**0.24/0.13/0.12**	0.01/0.04/0.05	**0.17/0.27/0.19**	0.12/**0.16/0.13**
增长的 R^2（%）	8.8/9.7/6.8	2.3/4.8/3.3	8.4/7.6/11.4	4.4/15.3/14.2
社交网络使用模式				
网络自我表露	0.05/−0.01/−0.04	−0.06/−0.01/−0.07	0.04/0.01/−0.06	0.05/**0.07**/0.04
网络信息分享	**0.15/0.19/0.17**	0.07/0.01/0.01	**0.20/0.23/0.20**	−0.01/0.05/**0.16**
网络娱乐活动	**0.09**/0.08/−0.05	0.04/0.08/0.08	0.01/0.01/0.01	0.11/−0.03/**0.33**

续表

	互动质量		互动强度	
	网络人际参与	感知交流效率	熟关系网络互动强度	陌生关系网络互动强度
增长的 R^2（%）	11.7/10.4/9.7	3.2/5.3/3.7	17.2/13.7/15.4	0.4/2.7/7.4
交往动机与投入				
工具性网络交往动机	0.15/0.02/0.05	0.07/0.13/0.09	−0.11/−0.16/−0.13	0.13/0.08/0.16
情感性网络交往动机	0.17/**0.21**/**0.19**	0.19/**0.22**/**0.23**	0.21/**0.26**/**0.22**	0.19/**0.13**/**0.15**
网络人际交往投入	**0.38**/**0.27**/**0.22**	0.10/**0.19**/0.15	**0.32**/**0.28**/**0.19**	0.17/**0.20**/**0.13**
增长的 R^2（%）	13.1/11.2/14.1	11.4/16.2/12.1	6.5/2.7/3.5	15.0/10.9/12.5
社交网络使用的社会心理因素				
社会临场感	**0.28**/**0.28**/**0.35**	**0.32**/**0.37**/**0.33**	0.14/**0.32**/**0.14**	0.10/**0.27**/**0.20**
增长的 R^2（%）	7.2/5.6/7.2	3.6/5.2/4.8	3.2/5.2/4.9	6.2/3.6/5.2
调整后总 R^2（%）	37.8/35.4/38.8	19.8/30.7/24.6	36.8/33.3/35.1	28.6/31.9/37.7

注：表中数据呈现方式为东/中/西，加粗表明存在显著性。东部（N=425），中部（N=316），西部（N=421）。

在交往动机和投入上，工具性网络交往动机越强，东部乡村居民的网络人际参与和陌生关系网络互动强度就越高，熟关系网络互动强度就越低；对中部乡村居民的感知交流效率越高，而熟关系网络互动强度就越低；对西部乡村居民的感知交流效率和陌生关系网络互动强度越高，而熟关系网络互动强度就越低。情感性网络交往动机越强，东部、中部和西部乡村居民的网络人际互动效果就越强。网络人际交往投入度越高，东部、中部和西部乡村居民的网络人际互动效果就越强。

社交网络使用的社会心理因素上，社会临场感对三个地域乡村居民的网络人际互动质量（网络人际参与、感知交流效率）和网络人际互动强度（熟关系网络互动强度、陌生关系网络互动强度）均发挥着显著积极的影响效应。从回归系数可以看出，中部地域乡村居民的社会临场感发挥的积极效应最大，而西部地域乡村居民的社会临场感影响力度高于东部地域乡村居民。由以上结果也进一步表明，在控制了地域因素后，稳健性分析所得结果基本与总体样本结果一致，即社会临场感对乡村居民网络人际互动效果的三个维度具有显著正向的预测影响。这也进一步说明，本书搜集的数据，能较好地反映中国乡村居民社会临场感对其网络人际互动效果影响的整体情况，研究结果具有较好的代表性与稳健性。

二 社会临场感对不同地域乡村居民网络人际关系质量的影响

当控制人口统计学因素和人格特质后，在社交网络的使用模式方面，网络自我表露对东部、中部和西部乡村居民的网络人际信任具有积极的影响作用，即无论地域是东部乡村，中部乡村，还是西部乡村，使用社交网络进行自我呈现越多的乡村居民，他们的网络人际信任程度就越高。网络信息分享对东部、中部和西部乡村居民的网络人际关系亲密性具有积极的影响作用，即无论地域是东部乡村，中部乡村，还是西部乡村，使用社交网络分享信息越多的乡村居民，他们的网络人际关系亲密度就越高。网络娱乐活动对东部、中部和西部乡村居民的网络人际关系维系、网络人际关系亲密性和网络人际信任具有积极的影响作用（见表6-11）。

表6-11 社会临场感对不同地域乡村居民网络人际关系质量的影响

	网络人际关系维系	网络人际关系亲密性	网络人际信任
人口学因素			
性别	0.04/0.06/0.04	-0.02/**-0.06**/-0.02	-0.01/-0.05/-0.01
年龄	-0.06/-0.01/-0.06	-0.01/-0.02/-0.01	0.03/0.09/0.03
民族	0.02/-0.01/0.02	-0.01/-0.03/-0.01	-0.02/0.01/-0.02
教育程度	-0.02/-0.04/-0.02	0.02/0.04/0.02	**0.08**/0.00/**0.08**
婚姻状况	0.05/**0.13**/0.05	-0.06/-0.04/-0.06	0.02/-0.04/0.02
增长的 R^2（%）	0.8/0.5/0.8	1.8/3.0/1.8	2.8/0.3/2.8
人格特质			
外倾性	0.01/**0.16**/0.01	-0.03/0.04/-0.03	0.04/0.03/0.04
内倾性	**0.23/0.25/0.23**	0.07/0.03/0.07	0.02/0.07/0.02
增长的 R^2（%）	43.8/32.8/43.8	39.3/30.8/39.3	34.4/25.6/34.4
社交网络的使用模式			
网络自我表露	0.01/-0.05/0.01	0.05/0.04/0.05	**0.16/0.19/0.16**
网络信息分享	-0.04/-0.02/-0.04	**0.26/0.30/0.26**	-0.05/0.01/-0.05
网络娱乐活动	**0.21/0.12/0.21**	**0.31/0.23/0.31**	**0.38/0.25/0.38**
增长的 R^2（%）	12.7/6.4/12.7	28.2/26.3/28.2	27.4/18.7/27.4
交往动机和投入			
工具性网络交往动机	**0.15**/0.05/**0.15**	0.05/0.01/0.05	**0.17**/0.02/**0.17**
情感性网络交往动机	0.01/0.12/0.01	**0.24/0.38/0.24**	0.02/0.07/0.02
网络人际交往投入	0.08/**0.10**/0.09	0.08/0.06/0.08	**0.20/0.18/0.20**
增长的 R^2（%）	3.1/4.2/3.1	2.4/6.4/2.4	5.0/4.9/0.5
社交网络使用的社会心理因素			
社会临场感	**0.35/0.25/0.35**	0.10/**0.14**/0.10	**0.16/0.21**/0.06
增长的 R^2（%）	6.2/3.9/6.2	0.6/0.1/0.6	0.2/2.6/0.2
调整后总 R^2（%）	65.4/50.4/65.4	71.3/65.4/71.3	68.8/51.3/68.8

注：表中数据呈现方式为东/中/西，加粗表明存在显著性。东部（N=425）、中部（N=316）、西部（N=421）。

在交往动机和投入上，工具性网络交往动机越强，东部乡村居民的网络人际关系维系、网络人际关系亲密性和网络人际信任程度就越高，西部乡村居民的网络人际关系维系和网络人际信任度越高，但对中部乡村居民网络人际关系没有影响。情感性网络交往动机越强，东部、中部和西部乡村居民的网络人际交往亲密性程度越高，对网络人际关系维系和网络人际信任没有影响。网络人际交往投入度越高，东部乡村居民的网络人际关系亲密性和网络人际信任越强，中部乡村居民的网络人际关系维系和网络人际信任度越强，西部乡村居民的网络人际信任程度越强。

社交网络使用的社会心理因素上，无论是东部乡村，中部乡村，还是西部乡村，在控制了人口学因素、人格特质、社交网络的使用模式和网络交往动机以及网络人际交往投入后，社会临场感对乡村居民网络人际关系（网络人际关系维系、网络人际关系亲密性、网络人际信任）均具有显著正向的影响。这也说明社交网络使用的社会心理因素，即社会临场感对乡村居民的网络人际关系的重要性。从回归系数可知，社会临场感对网络人际关系维系和网络人际关系亲密性影响上具有东西地域的趋同效应，中部地域乡村居民的社会临场感影响力度在网络人际关系亲密性和网络人际信任上最突出。由以上结果也进一步表明，在控制了地域因素后，稳健性分析所得结果基本与总体样本结果一致，即社会临场感对乡村居民网络人际关系的三个维度具有显著正向的预测影响。这也进一步说明，本书搜集的数据，能较好地反映中国乡村居民社会临场感对其网络人际关系影响的整体情况，研究结果具有较好的代表性与稳健性。

三 社会临场感对不同地域乡村居民社会资本的影响

网络社会资本：

当控制人口统计学因素和人格特质后，在社交网络的使用模式方面，网络娱乐活动对东部、中部和西部乡村居民的网络社会资本具有积极的影响作用，即无论地域是东部乡村，中部乡村，还是西部乡村，使用社交网络进行娱乐活动越多的乡村居民，他们的网络社会资本就越高。其余社交网络使用模式上不具有显著效应。

在交往动机和投入上，除了东部地区的工具性网络交往动机对乡村居民网络社会资本具有正向显著影响外，其余交往动机和投入均没有显著影响存在。

社交网络使用的社会心理因素上，无论是东部乡村，中部乡村，还是西部乡村，社会临场感均正向显著影响乡村居民的网络社会资本，即社会临场感越高，三个地区乡村居民的网络社会资本均越高（见表6-12）。

表6-12 社会临场感对不同地域乡村居民社会资本的影响

	东部乡村（N=425）	中部乡村（N=316）	西部乡村（N=421）
人口学因素			
性别	-0.02/0.01	-0.01/-0.07	-0.04/-0.05
年龄	-0.02/0.11	-0.01/**0.14**	0.07/**0.13**
民族	0.012/0.03	-0.01/**0.08**	-0.026/-0.06
教育程度	-0.05/0.02	0.03/0.01	**-0.07**/-0.06
婚姻状况	0.01/-0.06	0.06/-0.05	-0.01/**-0.08**
增长的 R^2（%）	0.3/1.8	0.7/2.7	3.3/4.3
人格特质			
外倾性	**0.13/0.18**	**0.11/0.16**	**0.13/0.11**
内倾性	**0.12/0.12**	**0.14/0.16**	**0.13/0.10**

续表

	东部乡村（N=425）	中部乡村（N=316）	西部乡村（N=421）
增长的 R^2（%）	41.8/36.6	31.3/22.1	28.3/16.0
社交网络的使用模式			
网络自我表露	0.05/0.10	0.10/0.06	0.06/−0.02
网络信息分享	0.01/**0.24**	0.01/**0.13**	0.06/**0.16**
网络娱乐活动	**0.16**/0.03	**0.12**/−0.05	**0.25**/−0.12
增长的 R^2（%）	21.2/11.0	11.3/6.0	27.0/11.8
交往动机与投入			
工具性网络交往动机	**0.71**/0.19	0.28/0.15	−0.27/0.19
情感性网络交往动机	−0.36/−0.33	0.35/0.35	0.53/−0.14
网络人际交往投入	0.39/**−0.74**	0.34/**−0.18**	0.34/**−0.64**
增长的 R^2（%）	11.7/2.4	12.5/5.1	7.9/4.9
社交网络使用的社会心理因素			
社会临场感	**0.28**/**0.36**	**0.34**/**0.35**	**0.19**/**0.29**
增长的 R^2（%）	0.2/0.5	1.2/0.8	0.2/0.2
乡村网络社会资本	—/**0.25**	—/**0.38**	—/**0.51**
增长的 R^2（%）	—/1.6	—/6.8	—/8.2
调整后的总 R^2（%）	74.3/54.0	55.6/48.2	65.6/38.9

注：表中数据呈现方式为网络社会资本/现实社会资本，加粗表明存在显著性。

现实社会资本：

当控制人口统计学因素和人格特质后，在社交网络的使用模式上，与乡村网络社会资本不同的是，无论是东部乡村，中部乡村，还是西部乡村，网络信息分享都能积极显著地影响乡村居民的现实社会资本。而网络娱乐活动则对三个地区的乡村现实社会资本没有显著影响。

交往动机与投入上，网络人际交往投入显著负向地影响东部乡村、中部和西部乡村居民的现实社会资本，这也表明，过多地投入到网络中，不利于乡村居民现实社会资本的建构。

社交网络使用的社会心理因素上，社会临场感均对东部乡村、中部乡村和西部乡村居民的现实社会资本具有显著积极的预测效应。

此外，乡村居民的网络社会资本也都与东部地区、中部地区和西部地区的乡村居民现实社会资本呈显著正向关系。

通过标准化回归系数可知，社会临场感对三个地域乡村居民现实社会资本的影响力度要高于对网络社会资本的影响。具体比较而言，在网络社会资本影响上，社会临场感在中部地域的影响力最大；而在现实社会资本上，社会临场感在东部地域的影响力要高于中西部地域乡村。

与地域比较的乡村网络社会资本一样，通过地域比较后，我们发现社会临场感对于东部、中部和西部乡村地区居民的网络社会资本和现实社会资本均具有较高的显著影响。这也说明，社会临场感的确会对乡村居民网络社会资本和现实社会资本产生重要的影响，而且这种影响还不受地域、文化与经济发展水平等的影响。这一结果也进一步对整体样本所得结论（社会临场感对乡村现实社会资本的影响）起到了较好的稳健性检验。

第五节　本章小结

新媒体对男性和女性乡村居民人际交往的影响发挥着重要的作用。具体来看，新媒体使用行为和动机、网络人际交往投入对不同主体乡村居民人际交往存在或多或少的差异性结论，但整体而言，新媒体对不同主体乡村居民人际交往的影响都具有较高的相似效应。这表明，无论主体是男性、女性、青年、少数民族和不同地域的乡村居民，他们的人际交往受到新媒体嵌入影响的表现具有高度一致性。这也或可说明，乡土社会中，新媒体对于两性间的交往模式并没有发生太大的割裂现象。

　　此外，社会临场感对不同主体乡村居民的网络人际互动质量（网络人际参与、感知交流效率）和网络人际互动强度（熟关系网络互动强度、陌生关系网络互动强度）以及社会资本（网络社会资本和现实社会资本）均具有高度的影响关系。这表明社会临场感对于乡村居民的人际交往提升是十分重要的因素。

第七章　微观视角:社会临场感与乡村人际交往

鉴于前四章主体内容采用量化方法研究,虽说可以较为清晰地揭示社会临场感对乡村人际交往的影响机制,但对于人际交往的操作还是处于较为宏观层面的视角。因此,为了更进一步地深入分析社会临场感对乡村居民人际交往的影响,本章采用"焦点小组访谈"的方法更加具体地挖掘与呈现社会临场感对乡村人际交往微观层面的影响。

第一节　在身边的替代性补偿:社会临场感对乡村人际交往的影响

一　社会临场感的失调:亲子关系与邻里关系的现实互动"补偿"

经过焦点小组访谈,我们发现居住在一起的父母和孩子,虽然会在社交媒体平台上互相加为好友,但实际上很少会通过社交媒体平台进行亲密和频繁的人际互动。正如来自云南省少数民族聚集的 P 村少年 J 所说：

> 我的微信中有加我的爸爸妈妈，以及一些亲朋好友，但我很少会通过微信和他们聊天，基本上大家每天都能见到，而且他们就在你身边，你通过微信和他们交流会显得很奇怪，有什么需要说的或者聊的，都会直接面对面就讲，亲戚朋友也是，也会经常互相串门，如果通过微信和他们保持亲密的互动，会显得很奇怪，私底下见了面也会觉得尴尬。（J1）

这种说法得到了西部小组中其他访谈成员的认可，他们都认为家人就在身边，即使在网络中知道他们的存在，也基本不会触发彼此亲密互动和频繁互动的行为。同样地，在针对中部地区和东部地区的焦点小组访谈也得到，如果子代与亲子是一种"你在我身边"的临近状态，那么基本网络平台所产生的社会临场感就会产生"失调"的效应，因为这种强关系的维系与发展，不依赖于网络的建构，也不会因为网络中彼此的互相关注而有所改变，任何需要沟通与交流的行为，都会通过现实中的面对面聊天和相处而得到解决，反而是基于现实的这层关系，才会有网络空间中现实关系的保持，更多人把这种行为当作一种"关系仪式"，一种理所应当的关系维系。

当然，网络社会临场感的失调也表现在乡村邻里之间的互动上。在访谈中，不论地域是西部、中部还是东部，所有受访者基本上都表示与邻居之间的互动和关系维系不会发生在网络中。

> 我们家与邻居的关系就是两种，一种是彼此经常串门，因为离得近，经常会到彼此家里闲聊，由此也建立了良好的邻里关系。一种是闹了矛盾的，彼此之间都不再来往。对于前者，交流也基本不会发生在网络中，而且也不会加他们的微信之类的。就

还是现实生活中来往。(M4)

说实话，我们家与邻居的关系都很好，就犹如亲人一样，谁家有农活或者事情，会经常互相帮忙。我爸妈他们基本不用社交媒体，但手机里也会存着邻居家的电话，有事情也会通过电话联系，我微信里与几个同龄人（邻居家）是好友，但平常也不会互动，偶尔会在朋友圈或者QQ空间里点个赞，极少数时候评论下。当然，当需要咨询或了解某件事情的时候。也会通过网络聊天，但仅仅只是很简短的几句询问的互动而已。我的确会认为微信或QQ里他们是我的好友，但仅此而已，我们之间的关系本身就是现实中就确定的，不会通过成为网络中的好友就有进一步更亲密的发展，反而我觉得如果与邻居闹矛盾的话，我还是会选择删除网络中的好友关系。(Y27)

据我所知，我家旁边的邻居长辈基本都不会使用社交媒体，年轻一辈的话因为见面了会聊一聊，但没有在社交网络中互相加为好友，因为感觉不是很必要，加了也没啥需要聊的。我爸妈在用微信，他们也会加一些自己熟悉的人为好友，但基本不会通过微信来与好友聊天，他们更多时候只是听一听微信群里发的语音，看看朋友圈，然后把发生的事情，通过微信了解到的事情当面讲给邻居或者亲朋好友听。(Y17)

我们家和邻居的互动基本是互相走动建立，有时也会通过手机通话联系。至于在社交网络中，是不会的。因为离得近，没必要，要说什么，直接过去，或者过来就好了，很方便。(G42)

近在身边的现实来往，仍然是乡村最为主要与直接的邻里互动方式。很多受访者都认为邻里之间的关系介于熟关系与弱关系之间，也就是不算特别亲密的人际关系，但也彼此之间相互帮助,保持着连接但相对独立的人际交往。当然也有少部分受访者表示,他们和邻居之间也保持着一定的网络交往,但更多时候这种交往都只是偶尔发生或者借助于群聊产生。例如来自云南省N村的S6在谈及这一问题时,他表示:

> 我们有一个工作群,就是客运交通的,在里面司机和车辆管理者会互相聊天,也会打趣。如果发现有认识的人在里面说话,会把他加为好友,也会在群里互动。即使没有加好友,通过群的互动,也会彼此之间发生联系,就感觉我们之间的距离很近,只要打开微信群,就能看到很多人在聊天,认识不认识的都有,即使有时候只是听或者看别人聊,也会觉得自己是参与其中的,也会忍不住发个表情或者发个语音回应。(S6)

乡村社会中,父母与子女,邻里之间的交往仍然以面对面的互动沟通为主。在访谈中,受访对象的回答中无疑透露着两个词——"奇怪"与"尴尬"。他们认为与家人和邻居间的距离很近,每天都能见面,这样面对面的交往就是最为主要的方式,而在能够亲近的状态下再通过网络去互动,会让关系显得很怪异,而且通过网络交往不自然地会流露出一些情感性的表达,这会使得他们在回到现实中的时候感觉尴尬,因为现实中大家都不善于表达情感。

由此可见,新媒体虽然嵌入了乡村家庭中,并对其日常生活产生了影响,但在亲子关系与邻里关系的交往上,新媒体无疑起到的只是理所应当的关系建立,扮演着一个"现实连接"的桥梁作用。网络社会临场感的产生只是现实中面对面临场感延伸的一种状态和感受,而这种心理感受,会被平时的面对面交往所替代,产生一种"失调"效应。

二 社会临场感的"诱惑": 亲密关系与友谊关系的调适

乡村社会中，与亲子关系和邻里关系不同的是社会临场感在亲密关系和友谊关系的交往上并不是"失调"状态，而是起到了一种"关系调适"的作用。在接受访谈的对象中，这种关系调适效应尤其在年轻人身上得以体现。

在6组焦点小组访谈中，有17个受访者目前没有处于亲密关系的阶段，而其余34个受访者中，有8个处于恋爱状态，26个已经成婚。对于有亲密关系存在的34个受访者而言，也并不是都觉得网络社会临场感能够调节他们的亲密关系。具体来看，对于8个处于恋爱阶段的受访者而言，他们都一致表示社交网络能够带给他们亲密性以及共在意识，他们也特别希望能够通过社交网络密切关注情侣的一举一动，希望能够参与到彼此的生活中，最大化地了解对方，认知对方。

虽然也能和她经常见面，但只要一分开，就会特别想她，所以就经常会和她通过微信聊天，尤其晚上的时候，都会互道晚安。就感觉她真实地存在于社交网络中，虽然见不到她，但也能从网络中感受到彼此的在意，就会觉得心里暖暖的。(L21)

因为和他也是好友，还把他昵称改成了专属爱称，每天都期待他给我发消息，我也会主动给他，主要有新消息，我就会觉得很激动，看到是他发来的，会觉得很满足。(L18)

就每天都会不自觉的去回顾他以前的朋友圈，一遍一遍的看，有时还会边看边傻笑。说得夸张点，就真的觉得虽然只是他的一个虚拟的网络账号，但就是他的感觉。(L49)

每天醒来的第一件事情，就是打开微信看看有没有她发来的

消息，也会特别关注她的动态更新。每天晚上都会抱着手机睡觉，心里很踏实，也很幸福。（L12）

我会主动给他分享一些好玩的东西，告诉他自己在做什么。他比较喜欢玩游戏，经常回复我不会很及时，但我看到一些搞笑的视频之类的，还是会给他发，因为知道他看到了会回复我。（B38）

从以上回答中，我们不难看出，社交网络的确能积极地影响亲密关系的发展，尤其对于处于恋爱阶段的情侣。但这种影响的发生并不是社交网络本身造成的，社交网络只是提供了一个情景发生的平台而已，更重要的是在借由这个平台的互动交往过程中，个体双方所产生的心理感知所影响。这种心理感知就是认为彼此双方都是"真实"存在的，他们通过网络交往而达成了心理上的"在一起"，感受到了亲密性。

这种情况也发生在 26 个已经结婚的受访者身上，但相比处于恋爱阶段的受访者，已婚的受访者表现得更为含蓄，甚至父辈受访者们表示不会有影响。例如在山东省的焦点小组访谈中，一个已经结婚，并育有 2 个孩子的年轻妈妈表示，她和老公也会通过社交网络表示暧昧，这种暧昧很简单，是一种情感的调味剂。部分受访者（13 个）表示，因为在乡村里，大家都不会当着家人或者外人赤裸裸的秀恩爱，所以社交网络就充当了很私密的秀恩爱的场域。例如：

在现实中，我们不会直接称呼对方老公老婆，但在社交网络中，基本上都会使用老公老婆的称呼，这样就感觉很温暖。（S6）

在农忙的季节，田地里很多农活，一天下来很累，但媳妇在家带孩子就会打电话或者发语音，虽然不说什么，但能感受到她的心疼。（Z14）

有时候闹矛盾了，扯不愉快了，拉不下脸来当面求和，就会在微信里发个爱心和玫瑰的标签，也会发点红包，表示投降。(Z33)

此外，有6个年长的父辈受访者，他们的回答就显得很平淡，都基本表示不会通过社交网络和自己的爱人表示亲密，因为在他们看来，这是不需要的，他们的感情已经从最初炙热的爱情，变成了亲情。但他们都认可社交网络的确改变了很多事情，包括交往的便利，交往成本的减少，他们表示，在他们年轻时，双方见面都会羞涩，也没有这么方便的交往软件可以利用。现在时代进步了，但他们也老了，感情平淡且坚固。

在友谊关系上，基本上年轻的受访者都认为经由社交网络所产生的社会临场感能够更好地维系朋友之间的关系。年轻的受访者中，有一半是网络游戏爱好者，他们会和同村里的伙伴组团玩游戏，在玩游戏的过程中，不断互动与交流，能有助于友谊的发展。

我们会互相邀约上线玩游戏，玩得厉害的人就会主动带技巧或者经验低的同伴，让他的角色在游戏里成长。(J1)

和小伙伴组团杀敌真的太爽了，就感觉很有气势，还可以连麦互动，感觉特别酷。(B38)

农村嘛，一到晚上就很安静，也没有啥可以娱乐的地方，所以都会一块玩玩游戏，也会互赠游戏装备。(S50)

在游戏的过程中，很重要的一点就是"组团"与"互相帮助"，这种模式不仅能增进朋友之间的团结，也能提高彼此之间的信任。网络游戏是乡村年轻人的娱乐方式之一，他们在玩游戏的过程中，不管是连麦互动还是现实中"靠"在一起"开杀"，都能透过网络感受到一种强烈的共在意识和参与氛围，也能在彼此信任的帮助下体会到朋友之间的亲密，这种通过网络游戏所传达出的社会临场感，即使让他们输掉游戏，也不会破坏彼此现实中的友谊关系，反而在赢得比赛的时刻，强化了彼此之间的关系。

而对于没有玩网络游戏的受访者也表示，他们熟络的朋友之间会建立朋友群，在群里每天都会有人聊天，打趣，也会分享一些有趣的视频和图片，当然也会针对一些热点事件发表自己的观点。他们认为在朋友面前，尤其在网络朋友群中，交往是很随意快乐的，没有压力。其中一个受访者所陈述的观点基本上都在其他小组的访谈中得到验证。

以前使用 QQ 的时候，如果对方不在线，并会通过手机通话或者短信的形式聊天，但现在使用微信后，基本上就没有再使用过手机通话和短信功能与好友联系，如果发消息好友不回，则会直接发送语音。（S6、Y10、Y17、L18、Y23、Z24、S25、Z31、G42）

社交网络的发展，在改变交往形式的同时，也相应的拉近了彼此之间的距离，不限时间和空间的交往，让个体能感受到对方时时刻刻的存在，也通过社交网络的多样化形式，让朋友之间的连接更加多元与便捷。哪怕不经常互动，但朋友圈一个偶然的点赞，群里出现的消息"身影"，都会让彼此觉得对方还存在于自己的世界中，关系的维系依然成立。正如有一名受访者提道"虽然没有天天互动，但还是能通过朋友圈了解彼此的生活，心底里还是友谊长存"。（X46）

同样地，这种经由新媒体带来的社会临场感对友谊关系的维系在 6 位长辈受访者身上没有得到体现，他们前半生的友谊维系都是靠现实互动而建构，随着每个人都有了自己的家庭，家里农活的繁忙，他们都不再提"友谊"，也不会通过社交网络重新建立和发展曾经的友谊，因为他们都觉得随着时间的流逝，家庭成了他们主要的活动与联系场域，以前建立的友谊关系，渐渐的也就淡了。

乡村里，许多人在使用新媒体，每个人的使用感受也不尽相同，但新媒体技术所带来的影响并不是由媒介本身决定的，媒介提供的是一个"舞台"，一个较为私密的空间，而真正发挥作用的是乡村居民在使用新媒体的时候，所产生的心理感受，这种心理状态才是决定和带来交往维系与发展的重要因素。但这种心理感受的产生也不是一成不变的，随着时间的变迁，亲密关系发生了改变，新媒体使用所带来的心理感受也会逐渐减弱，甚至消失。

第二节 "共聚一堂"与情感表达：地理分离、社会临场感与乡村人际交往

一 家人共聚一堂的情景

在此次的6组焦点小组访谈中，有21个受访者因为上学、打工等缘故远离家乡。所以他们平时与家人和亲朋好友联系，基本都是通过社交网络。访谈结果显示，这21个受访者都赞同，社交网络的使用，让他们的家庭实现"重聚"，虽然只是在网络中，但已非常知足。比如以下几位受访者的观点都具有一定的代表性。

微信方便随时随地沟通，如果我看到有趣的风景，吃到新奇的美食，会用微信第一时间分享给父母。父母在家如果遇到什么好玩的事情也会发图片或者视频告诉我，拉近彼此之间的距离。

并且微信视频通话能够让我看到父母的影像，听到他们的声音，让我感觉他们在我身边。（M3）

微信普及之后，父母倾向于在微信上聊天，转发轻松的视频，而手机则承载着传递严肃信息的功能，微信沟通有延迟性，手机则是及时性。通过微信群组与父母互动确实有感受与家人团聚的效果，起到了线上家庭重聚的功能，从前很少联系的亲戚，现在也会在微信上交流。（M8）

比起电话，微信更加适合沟通一些言语"不可描述"的细节问题，比如和妈妈讨论网购商品的细节等，直接发图很方便。而且微信家庭群的存在让我觉得比较安心，可能是因为微信使用频率较之手机通讯功能更高，微信家庭群组的活跃度带来家庭的存在感。（L21）

相比单一的电话联系，微信能够让全家成员处在一个同时在场的状态，情感上还是比较容易进入这个场景的。（L34）

通过社交网络，一家人可以通过网络的连接而实现实时互动，让"分居式"家庭有了线上重聚的可能。在焦点小组访谈中，对于远离家庭的受访者而言，这种"共聚一堂"的情景更加明显，从他们的话语中不难看出，社交网络能够给予他们家庭成员时刻在身边的感觉，让他们觉得安心。虽然距离阻隔了彼此现实中的接触，但网络又将现实中接触应该有的感觉和状态重新赋予了个体，让远在他乡的受访者仍然能够感受到来自家庭的温暖与幸福。

社交网络之所以能够强化家庭成员之间的关系，达到共聚效应，更多在于社交网络提供了多样化的形式，视频功能，弥补了以往手机通话只依赖于听觉的想象，而让个体真实地呈现在对方面前。家庭群组的组建，让受访者能够像日常一样参与到家庭成员的互动和生活中，而且这种参与比起现实中的参与更具魅力，可以提高受访者的情感表达和亲密感知。

二 亲子关系质量的影响

（一）亲密度

用微信与父母聊天会感觉比较轻松自在，觉得更亲密，因为大部分情况下跟父母聊天本身就是很轻松愉快的，微信实现了与父母的联系，并且还可以视频、分享和评论朋友圈等，看到不止一个人的音容笑貌、生活和精神状态，会觉得更生动、更亲密。（J41）

与父母的微信交流会更加生动，比如可以发送小视频与照片，可以视频通话，拉近距离。通过微信交流也会觉得更加亲密。父母会在微信中发给我家中的点点滴滴，如吃的大餐，或者买了什么新衣服等，让我体会到家的温暖。（H45）

微信是沟通的桥梁，比电话更方便，通过微信可以和父母发送有意思的图片，微信也能让我和父母交流次数变多，增进和家人的感情。（M48）

通过焦点小组访谈，我们发现，与近在身边的受访者对待亲子关系不同，地理分离背景下的亲子关系更加具有亲密性。从访谈内容中能够看出，以微信为代表的社交网络能让父母与孩子之间的互动沟通变得更加轻松自在，同时也更生动有趣。21个受访者都认为，原本就不在父母身边，经常会想家，也担心父母的身体，想念父母在家时的唠叨，等等，而社交网络所带来的便利正好让这种思念有了发挥的余地，他们尽可能地利用微信等社交网络展示自己的生活，呈现自己所经历的一切，让父母在家乡也有参与的感觉，减少父母的孤独感。

21个受访者在不同程度上都表示，通过社交网络与父母交往，无形之中会感到特别的亲切和温暖，而产生这种感受的原因可能在于彼此都很珍惜靠网络连接的交往机会，同时也都努力把最好的状态展示给彼此，让彼此都放心，安心。这种感觉不是社交网络所给予的，社交网络只是承载了来自不同地理位置发送的情感。但时间久了，也有受访者表示，会觉得社交网络也变得亲切、温暖。

（二）信任度

当聊到信任的问题时，21个受访者表示自己与父母之间的信任度很高，这与社交网络的支持无关。因为父母和孩子之间的信任感更多是一种从小到大都无形建立和存在的。社交网络的使用，能让受访者有较高的亲密感，也能让他们与父母有共在的意识和心理参与，但这种心理状态不会改变原有的亲子信任。

但是在访谈中，有2个受访者也认为，即使与父母之间的信任很高，但因为长期与父母分离，社交网络的使用，还是会对信任程度有一定的影响。

微信朋友圈可以展现多姿多彩的生活，父母通过朋友圈了解我的生活，提高了对我的信任程度。（H45）

微信的使用会提高父母对我的信任，比如我去哪里玩，会拍照发小视频给他们，他们会觉得放心，并且能了解到我在做什么，对我的行为就会更加信任。（M8）

从访谈结果来看，亲子间的信任的确不太会受到网络社会临场感的影响。即使上述2个受访者的观点中，信任的影响效应也表现的不太明显。父母或子女通过社交网络所建立的交往本身就是在较高的信任前提下参与的，反而所产生的结果是亲子间的信任程度对亲子所感受到的网络社会临场感具有较大影响。

（三）性别（gender）视角下的亲子沟通

在焦点小组访谈中，还有一个值得注意和思考的现象，就是在与乡村家庭地理分离的21个受访者中，基本都表示与母亲通过社交网络沟通交往的频率多，且更愿意与母亲在社交网络上交往。典型的观点如下：

和母亲联系比较多，因为有些话题跟母亲聊很自然，跟父亲聊就很别扭，跟母亲聊生活更多，跟父亲聊学习、工作更多。而且，跟父母聊的更多的是生活上的琐事，所以相比较就跟母亲聊得更多，微信上的情况也是如此。（H15）

现实中与母亲互动交流比较多，父亲性格严肃，所以交流较少。在微信上也与母亲联系比较多，因为母亲会更多使用微信，父亲对于微信持怀疑谨慎态度。（L21）

现实中与母亲关系亲密，沟通较多。母亲性情温和，善于与孩子交流。而父亲较为严肃，关系一般，沟通不多。微信上的联系交流也一样。（X28）

现实生活中与母亲非常亲密，无话不谈，保持2天一个通话记录。与父亲的关系则一般，父亲较为严苛古板，所以不容易亲近。在微信上也一样，虽然我们一家三口有一个群，基本上和父亲联系就是有事通知才会说话。但母亲的话，平常有很多互动，比如逛街心得，互传照片等。（J41）

现实中与母亲和父亲都沟通较多，能够深入交流。但在微信上和母亲联系比较多。（H40）

在现实生活中，父亲的角色会倾向于严格和古板，而母亲的角色则较为亲近，因此孩子也多与母亲较亲近。但在社交网络中，这种性别角色扮演所带来的刻板模式并没有得到改变，仍然是与母亲交往更多，更亲近。

不过也有受访者委婉表示，虽然他们更愿意和母亲通过社交网络交往，但相比在现实生活中与父亲的交往而言，通过社交网络与父亲的沟通会改善很多，父亲也会表达对受访者的关心，但常常沟通都会是很简单的寒暄，不会像与母亲一样，很具体与亲切地交流。

这也进一步表明，社交网络的使用能让个体产生较强的社会临场感，但这种心理感受虽然会对与父亲的交往模式有所改善，但不会从根本上扭转现实中所建构的角色交往模式。

（四）屏蔽是为了让关系更好

随着网络隐私越来越受到用户的关注，为了更好地保护用户的个人隐私，社交网络设置了"分组可见"，"隐藏登陆地点和时间"等功能。在焦点小组访谈中，许多受访者都提到，对于一些具有"敏感"性质的信息会选择屏蔽父母，以避免产生误解、担忧或者冲突。以下三个受访对象所表达的观点具有一定的代表性：

曾经我的微信朋友圈是没有分组的，爸妈可以随便看我的朋友圈，我也经常会一口气收到十几个老妈的点赞。可以有两次，一次是我和一个关系比较好的男生合影相对亲密，老妈立即电话打过来把我K一顿，说我怎么和异性那么亲密的举动，我当时就很无语，解释说就是很好的哥们儿。挂了电话的我，和朋友聚会的热情都被消磨了一半。自从那以后，我觉得可能在爸妈看来稍微不那么"乖"的出游活动，都会默默屏蔽掉……（M8）

朋友圈没有屏蔽父母，因为也想让父母参与到我的生活中，知道我在干什么。但是对于一些吐槽的信息和私密的活动信息都会通过"分组可见"把父母屏蔽掉。(L21)

微信朋友圈会屏蔽父母，因为觉得这样会省掉一些不必要的麻烦，同时也能和父母保持良好的关系，避免一些冲突和不愉快。因为自己微信朋友圈会发布一些事情（看法）或行为，怕父母看到担心或不理解而产生误解。(M48)

这种屏蔽的行为也是网络社会临场感导致的结果。受访者认为父母是"真实"存在于社交网络中的，因为地理位置的分离，他们无法亲身参与到自己孩子的日常生活中，所以就期望着通过社交网络来知晓，甚至监控孩子的行为。但父母与子女在行为契合度上并不会具有一致性，所以为了避免不必要的误解产生，屏蔽成了保持与父母亲密关系和信任程度的首要选择。

从这一点来看，网络社会临场感让受访者做出了屏蔽的行为，这也表明，作为新媒体使用的社会心理学，网络社会临场感对用户的新媒体使用行为也会产生较大影响。屏蔽行为本身就蕴含了规避冲突关系的发生，所以社会临场感越强，关系的发展并不一定是积极向上的发展，有可能会带来对现存关系的挑战，需要具体问题具体分析。

三 新孝道实践：借由网络发动的亲子互动

（一）更容易表达爱

在乡村社会中，受乡村家庭教育模式的影响，与城市家庭相比，乡村居民在表达爱的时候会显得很含蓄，甚至不知如何表达，用受访对象的话说，就是"当着面说不出口""觉得很尴尬"

等。但是在地理分离的状态下，借由社交网络所触发的社会临场感，能让乡村年轻人在表达爱的时候更加慷慨与直接。

"老妈我爱你""妈咪是永远的女神"之类的赞美经常会出现，特别是发红包的时候，出现的频率异常高。大部分是以文字形式出现，当然也会配有比较搞怪的表情图。（H15）

会的，会直接说想念他们，或者想回家。如果听说父母生病了，打电话的同时也会用微信问一下情况。（Z13）

我家教比较严厉，通过微信的确会对父母表达一些以前或现实生活中不会说的感情。因为有时候想父母，想家了，打电话又不好意思直接说，就会通过微信表达对父母的想念。微信可以用表情和文字、图片表示，就会避免掉直接通话表达的尴尬。（L34）

平时发一些【抱抱】【亲亲】的卡通表情给父母表达对他们的爱和思念。在他们生日或者节日的时候通过微信发祝福给他们。（C47）

用微信与父母联系会更加轻松自在，因为不在面前，没有压力。比如现实中"我爱你"三个字说不出口，通过微信可以说出来。（X22）

焦点小组访谈显示，社交网络的多样化表达形式能提供给受访者丰富的情感表达选择，他们甚至不必说出口，一个表情或者图片、视频等，就能将自己的爱传达给在家中的父母。另外，因为地理分离的缘故，社交网络能给受访者带来较强烈的社会临场感，这种心理感受则会产生较强烈的亲密性，在与父母通过微信等社交网络交往的过程中，更容易表达对父母的关心和爱。

（二）"悦亲"：爱他们就常与他们视频聊天

空闲下来，或者下班回到家后会与父母微信视频聊天，主要是想看看他们，也让他们能看到我，因为不在他们身边，怕他们想念。通过视频见到我，他们就会觉得很幸福开心，我也会觉得很快乐。（M48）

没有和父母生活在一块，觉得挺对不住父母的，照顾不了他们。所以会经常通过微信关怀他们。以前每周会与他们通话1—2次，现在基本都用微信和他们聊天。每天晚上都会发视频语音给他们，其实也不会聊什么，基本都是5分钟左右就结束了，就是想每天都能见到他们，就让他们感觉我在他们身边一样。（H40）

一般会与父母一周视频1—2次，一来想看看他们的精神状态，二来也让他们了解我的近况。视频比语言能表达更多的内容，比如精神风貌、身体状况、心情等；视频还可以拉近距离，感觉像是面对面的交流，更加亲切。（Z13）

我和妈妈视频挺多的，平时她在家，或者我刚好有空就会视频。每次视频妈妈都会显得很兴奋，要比电话里兴奋得多。看着妈妈高兴和幸福，我就觉得很快乐，这也是作为一个女儿应该做的。（C47）

新媒体时代，很多原本在乡村务农的年轻人为了寻求更好的赚钱机会，会选择离开家庭到城市中工作。再者，随着教育水平的不断提高，乡村社会中，年轻大学生的数量也越来越多，有些大学生会他们踏上背井离乡的求学之路，毕业后甚至定居城市，不再回归乡村。

这种情形下，年轻人与父母是分离的状态，因为不能时时刻刻陪在父母身边，不能照顾年迈的父母，乡村年轻人都会感到惭愧与内疚，所以在访谈中，21个远离家乡的年轻人都表示，他们会经常通过社交网络与家中的父母联系，尽量让父母能每天或隔几天就能在视频中看到自己。他们认为虽然无法亲身陪在父母身边,但社交网络给了他们"尽孝"的平台。

尽孝的方式有很多种,比如给父母汇钱,买补品,买礼物等,但受访者认为,父母需要的是"陪伴",即使彼此只是出现在网络中,但都会让父母感到满足,同时也弥补了受访者不能现实陪伴在父母身边的遗憾。这种经由社交网络所带来的新孝道实践,无疑更好地验证了网络社会临场感给亲子关系带来的积极影响。

四 地缘发动的乡情:网络群组中的乡土联结

在 21 个受访者中,有 18 个加入了老乡群,其余 4 个表示也想加,但没有找到途径。受访者表示,在城市里生活会想念家乡,想念乡村中单纯的生活,也想念乡村里简单的人际关系。从与他们的交谈中可以切身的感受到,无论走多远,乡村永远是他们的牵绊,套用一位受访者所言:"家乡是永远的根。"

加入老乡群的这 18 位受访者都会提到,他们初到城市的时候,遇到老乡就会觉得特别的亲切,然后也会互相建立社交联系,包括通过社交网络频繁互动。这是乡情所带来的一种身份认同,一种地缘所建构的乡村归属感。

虽然我现在在外工作,不住在乡里,但我们村有一个专门的乡群,里面加入的有在村里生活的,也有在外面工作的。村里举行什么活动啊,就会在群里直播,或者号召大家募捐啥的,就是感觉那还是我的家乡,有我熟悉的人,即使在微信群里,也感觉有一股浓烈的情感,就是在乡村关系网中始终有一个节点属于我,那是我的位置。(H2)

我加入的是老乡群是我们都在同一个城市生活，然后在群里，大家就会时常聊家乡发生的事情，也会因为在同一城市生活而建立老乡强关系，这种关系会落到实际生活中，就是经常周末或者节假日在群里邀约聚会啥的，感觉很温暖，也感受到了来自乡村的归属感。(T19)

在老乡群里，能够听到家乡的方言，看着村里人之间的互动，时不时会有人发一些搞笑的段子或者视频，活跃气氛，还有抢红包，就觉得还是很温暖的。(L26)

在一个陌生的城市，老乡群的确起到了暂缓心里不安的作用，就会觉得，原来这么多人和我一样，也在这个城市中奋斗，心理上会感到很安慰。(H45)

我加入老乡群，但不是里面活跃的人，我参加过2次群里组织的活动，认识了一些老乡，关系也发展得很好。(M8)

印象最深的就是过年回家时，老乡群里很热闹，大家互相拜年，抢红包，也会相约着一块回家，路上有个伴。(H15)

由社交网络所组建的老乡群，让远在异乡的个体有了身份认同感。他们能够通过老乡群认识来自同乡的人，在异地发展成新的关系网络，同时远在异乡的个体也能通过本村的群了解乡村发生的事情，参与到乡村的生活和建设中，有了强烈的归属感。

在这一过程中，社交网络起到了连接作用，提供了"共在"的网络公共场所，通过老乡群，增加了现实中的社会活动，也强化了在异乡的同乡网络，让在城市中生活的乡村个体不再感到孤寂，并且有助于较好地融入到城市生活中。

老乡群提供了乡村个体较强的社会临场感，它让原本散落于城市中的同乡个体成为了凝聚的力量，形成密切的互动和交往关系，互相提供支持与帮助。在访谈中，18个受访者都表示，老乡群多多少少给了他们信心与勇气，也让他们收获了满满的乡情，让他们知道原来还有这么多人和自己一样，在异乡拼搏，在异乡奋斗。

第三节 不信任与信任：社会临场感对陌生关系的"不确定性"

一 父辈对陌生关系的警惕

在焦点小组访谈的6位年长的父辈中，他们对在社交网络中与陌生人交往持怀疑的态度。他们均表示，不会添加任何自己不熟悉的人为好友，也不会在社交网络中与陌生人互动。

我都不认识他，有什么好聊的，是吧。（J11）

我微信也偶尔会有一些不认识的人加我，我基本都不会理会，都是骗人的。（P7）

不认识的人，没办法聊的。（L29）

如果是那种一看就是美女照片，或者推销商品的，都一律不交往，没必要啊。（T19）

我的微信里基本都是认得的人，没有陌生人，都不知道他/她，加了没啥用。（B44）

从访谈结果来看，父辈对于社交网络的使用更具警惕性，他们基本不会和不熟悉的人在网络中发生互动，更不会建立网络人际关系。在他们看来，与陌生人交往具有很大的"不确定"，因为在网络中，不知道对方是何身份，也不知道对方是做什么的，完全不了解，担心被骗的同时，也觉得没有任何发生交往的必要。

此外，乡村长辈使用社交网络都比较局限，基本就是微信。而在他们看来，加入的微信群以及所加的好友，都是自己熟悉的，他们之所以尝试使用微信，很重要的原因在于可以很方便和亲朋好友互动，同时又不花费费用。微信里都是自己熟悉的人，他们才觉得社交网络是真实的，是可以信任的，否则就会考虑放弃使用微信。

由此可以看出，个体使用社交网络产生社会临场感，并不会对任何网络关系都产生直接的积极影响。社会临场感对关系的影响，需要建立在一定的信任基础上。

二 子代发动的网络人际参与与关系暴力

与父辈对网络陌生关系的警惕不同，乡村年轻人在对待网络陌生关系上表现得较为开放。在焦点小组访谈中，乡村年轻人都提到会主动与网络中的陌生人交流，他们认为通过网络聊聊天没什么大不了的，不会带来什么损失。典型的观点如下：

我会使用查看"附近的人"功能，然后经常也会有人主动找我聊天，那我就会和他/她聊聊。（Y17）

对于一些新闻评论啊，微博啊，我也会和别人互相评论，参与互动，就表达下自己的观点。（X22）

在玩游戏中，也经常会和陌生人组团，当然也会连麦交流。因为我们长时间一块打游戏，现在还算比较熟，互相加了微信。（H37）

在网络中，个体处于相对自由的位置，他们可以自由选择想要加入的群体对话中，也可以轻松地退出交流，这种自主选择的权利，让个体不必担忧与陌生人间交往会带来困难。同时因为是基于虚拟社区的交往，反而会让原本现实生活中不善于言辞的个体在网络空间中表现得"如鱼得水"。

网络社会临场感的产生让年轻个体在网络空间中与陌生人相互交谈，因为彼此都不认识，反而有些事情比较容易聊得开，也更愿意和陌生人吐露自己内心的想法。在网络空间中，虽然彼此之间互相不熟悉，但用户会倾向于寻找与自己价值观和行为具有一定契合度的对象交流，这样在交往上会变得更轻松自在，也容易发生频繁的网络社交互动。

但另一方面，也有部分受访者表示，他们在网络中与陌生人发生过冲突，互相对骂。例如：

在贴吧里，我针对某个问题评论了自己的观点，就会有人用批评与质疑的口吻回复我，辱骂我，我当然也会回怼过去。（S50）

虽然没有经历过，但我经常看微博评论里，还有论坛里，很多人都在互相争论且对骂。（G16）

网络提供了个体表达想法的空间，赋予了草根表达观点的权利。网络在实现用户对接的同时，建构和发展了关系，但也相应地存在"关系暴力"的发生。这种关系暴力的产生，一定程度上也表明了个体网络社会临场感的存在和影响，因为当个体在网络中表达观点或加入某人群组后，他需要的是一种相同的行为契合度以及能感受到的群体归属感，当这些都与个体不一致时，关系暴力就容易产生。

第四节 关系资本与互惠规范:社会临场感对乡村社会资本的建构

一 同乡间的互助效应:网络社会临场感发动的公众参与

在焦点小组访谈中,我们还发现,乡村居民也会通过社交网络发起或者参与公共活动。有受访者表示,他们有时会在社交网络中发布求助内容,主要是希望好友能够给自己点赞,以换取某种东西,这属于具有商业性质的公共活动,而且他们还会主动群发消息给好友,让好友前去点赞支持。另外,也有受访者帮亲朋好友转发过信息到社交网络寻求帮助,希望借助每个认识的人去传播扩散,以扩大支持的力度,随着不断地被转发与参与,最终支持的人就比较多元,可能很多是自己不认识的人。例如:

我在朋友圈里发过求帮忙点赞的信息,然后就会收到很多的赞,这其中包括关系很好的,也会有关系很一般的人。(S6)

我家的孩子参加了一个作文比赛,需要投票,我就会通过社交网络,发动亲朋好友参加,并希望他们能转发,让更多人帮忙支持。(M8)

我一般看到亲朋好友发布的需要参与的信息,都会帮忙,因为觉得很容易啊,而且说不定我以后也需要他们的帮助,所以都会支持。(F39)

从访谈观点可以看出,很多个体都会在社交网络空间中参与亲朋好友的求助行为,因为他们会觉得这是一种彼此间关系的体现与凸显,另一方面也会希望在今后自己需要帮助的时候,也会有人给予帮助与支持。从这一点上来看，社交网络中所形成的社会临场感能够在关系资本和互惠价值观的引导下，不断地强化个体现有的社会资本。

一个比较有趣的现象是，以前乡村在动员或者通告事情的时候，会通过乡村广播的形式播放，传达给乡村的每一户家庭。现在，社交媒体的广泛使用，虽然在特别重大的事情上还是会有乡村广播传播的形式，但在社交网络中动员和通告乡村里的一些事情变成另一传播渠道，比如聚会，乡村党员开会，寻求帮助等。然后再经由使用社交网络的家庭成员传达给其他不使用社交网络的家庭成员或隔壁邻居。

印象最深的一次是在微信群里很多人都在议论纷纷，然后听了语音，才知道是村里一户人家养的牛丢了，然后希望村里人帮忙找找。虽然，乡村广播里也通知了。（L12）

因为去年我爸妈去麦加那边朝觐嘛，所以去年同去的家庭就集体办了一个群，在群里大家分享自己的爸妈在麦加那边的情况，也会互相鼓励家人不用担心。（M3）

可见，社交网络的使用给乡村居民较高的社会临场感，因为能直接感受到其他人的存在，也能通过迅速的传播，让事情得到帮助或解决。从这一点上也验证了社交媒体所具有的社会临场感比传统媒介形式赋予的临场感强。

另外，网络社会临场感也让乡村居民有了较强的公益参与。受访者表示，他们在社交网络中也有参加过公益捐赠，公益转发等行为。特别是对于发生在本村的公益事情，他们还会大力号召，希望自己的亲朋好友也参与。

我在社交网络中有过募捐行为，我们村有一些村民患病或者

出现意外了，需要巨额金钱治疗，所以会在网络中发布求助，我们村的人都基本上会参与，并且转发到朋友圈或者群里。(M8)

不仅仅是本村的，即使看到相同身份或者一些募捐活动，我都会参与。(Z20)

我会通过网络参与一些公益活动，因为每个人都会有被需要，也有需要别人的时候，在别人需要的时候，力所能及的帮助一下，哪怕是转发一下也觉得很安心。(L26)

家家都有本难念的经，都会遇到困难。比如村里还有小孩子不见了的，父母那个着急啊，那微信群里啊，朋友圈里啊，都会发布寻人启事的，一起帮助寻找。(F39)

社交网络所触发的乡村居民公益参与行为，很大的原因在于他们在网络中了解到这些信息的时候，会将正在受难的人和家庭成员焦灼无助的情景带入到自己的脑海里，他们会设身处地的换位思考问题，因为每个人都有遇到困难和无助的时候，引用一位受访者所言：在帮助别人的同时也是在帮助自己，积德积善。

这种来自个体内心的所思所想无形中就让个体有了较强的代入感和心理参与，个体在执行公益参与的时候，一方面是希望能够给予受资助方支持，让受资助方知晓还有很多人在关心和无私奉献，另一方面也是希望给予受资助方较大的鼓励和温暖，让他们感受到来自网络中的亲密和幸福。

二　跨地域的网络社会资本

在谈到跨地域的社会资本问题时，很多的受访者都表示不会建构跨地域的社会资本，即使在网络空间中参与活动，也不会带来跨地域的社会资本。然而有很少一部分玩网络游戏和移动短视频的受访者表示，还是会有帮助，但这种社会资本仅限于网络中，并不会延伸到现实中。

  在网络游戏中，如果组建了团队，加入了某个家族，其实会得到蛮多帮助，就比如帮助游戏升级、装备互赠，当然群里也有一些玩家在现实中已经成为好朋友，但我没有。（Y17）

  我其实有通过群聊认识了 2 个好朋友，因为比较聊得来，然后又有共同的身份（回族），我们一直都没有见过面，但关系一直保持得很好，还会互相邮寄特产之类的给彼此。（L18）

  每天都会玩抖音，也会在上面发一些农村的生活，会收到点赞和评论，觉得挺有满足感的。而且抖音里也有一些教育的短片，会从中得到帮助，也会从评论的互动里得到帮助。（G42）

由此可见，乡村居民对于社交网络的使用，基本很少会实现跨地域社会资本的建构，即使存在，也仅限于虚拟空间中的互惠和关系维系。主要原因在于乡村居民使用社交网络所带来的社会临场其实是一种原本基于现实交往所延伸的，这种心理感受能够使得乡村居民有更积极的态度去对待网络人际交往，去建构本地域的社会资本。但当超越了这一模式时，网络社会临场感的作用程度会被信任与不实际/不真实的心理因素所削减。当然网络社会临场感会触发乡村居民对发生于本地域以外的公共活动的参与，但这种参与更多时候不会是社会资本的体现，而是一种心理参与和共在意识以及亲密性的触发。

第五节 本章小结

  在本章，通过焦点小组访谈的形式，进一步从微观角度揭示了社会临场感对乡村人际交往的影响。具体来看：

（1）对于"近在身边"的乡村居民而言，社会临场感对亲子关系、邻里关系、亲密关系和友谊关系的影响都表现出了一定的差异。社会临场感对居住在一起的乡村亲子关系，以及近邻都是"失调"状态，而对于亲密关系和友谊关系，则表现出了一定的"调适"效应。

（2）对于处于地理分离状态下的乡村居民而言，社会临场感对他们的人际交往产生了较大的影响力。一方面这种心理感受让他们虽处于分离，但有"共聚一堂"的温暖。另一方面，基于新媒体所产生的社会临场感也让乡村亲子关系质量得到了一定程度的强化，对于亲子间亲密关系的表达有了较大的改善，同时也让乡村年轻人更能表达爱和自己对父母的情谊，让他们通过网络实践孝道。另外，对于远在异乡的乡村居民，使用新媒体所带来的社会临场感强化了他们对乡土的连接与情谊，也帮助他们在异乡更好地维系乡村里的人际关系和建构异乡同乡关系网络。

（3）新媒体使用的社会临场感心理能让乡村年轻人更愿意加入到与陌生人的互动和交往中，甚至建立与陌生人之间的友好关系。但同时，也容易带来关系暴力的产生，导致互动的冲突。此外，对于乡村长辈而言，社会临场感的强弱更多是针对自己熟知的人而言，对于陌生人，他们始终保持着警惕的交往心态。

（4）网络社会临场感能有助于乡村居民社会资本的建构与强化，当然这种社会资本是在同乡或者同身份，有好友关系的基础上得到增强。对于跨地域社会资本的建构，网络社会临场感有一定的影响效应，但并不是很强烈和直接，需要信任等因素的考量。

第八章 社会临场感视角下乡村人际交往的发展与启示

第一节 社会临场感对乡村居民人际互动效果的促进

以社会临场感作为理论基础和研究起点,本书探讨了社会临场感对于中国乡村居民人际交往的影响。研究发现,在控制人格特质、社交网络使用行为以及社交网络使用动机等因素上,社会临场感仍然对中国乡村居民的人际交往发挥着显著且重要的影响效应。研究进一步控制地域,发现无论是东部、中部还是西部的乡村居民,社会临场感均对他们的网络人际互动强度和网络人际互动质量具有显著预测作用,这表明研究结论具有较好的稳健性。焦点小组访谈结果也表明,社会临场感能让乡村居民更乐于表达和互动,提高了乡村居民的情感表达,强化了亲子间、朋友间、恋人间以及老乡间的交往行为。但这种影响并不是固定发生的,会随着地理位置的远近发生一定的变化。

第八章 社会临场感视角下乡村人际交往的发展与启示

一 思考与讨论

此前许多研究表明,虚拟环境有助于促进社交互动。[1] 然而对于是什么因素导致这种影响的发生还知之甚少。[2] 有学者针对在线课程的研究发现,社会临场感是网络互动的关键因素。[3] 这一结论较好地支撑了本书的研究发现,但本书在此基础上又进一步加以延伸,揭示出社会临场感不仅对网络人际互动强度产生积极显著影响,还会对网络人际互动的质量也具有正向影响。

在以往的研究中,学者们大多使用技术接受模型(technology acceptance model)和信息系统持续使用模型(expectation confirmation model of IS continuance)对新技术使用的影响因素进行分析。尽管运用此类模型进行研究可以揭示"有用性"对使用行为产生的影响,但是却无法揭示影响人们新技术使用中的"有用性"由何构成,以及影响新技术使用背后的心理因素。事实上,社会临场感是个体从媒介中所感知到的主观质量(subjective quality)或者媒介允许亲密和即时性的程度。[4] 而社交网络作为具有

---

[1] Marcus, D. Childress, Ray Braswell, "Using Massively Multiplayer Online Role cc laying Games for Online Learning", *Distance Education*, 2006, 27 (2): 187–196; Cole, H., Griffiths, M. D., "Social interactions in massively multiplayer online role-playing gamers", *Cyber Psychology & Behavior*, 2007, 10 (4): 575; Martey, R. M., Stromergalley, J., Banks, J., et al., "The strategic female: gender-switching and player behavior in online games", *Information Communication & Society*, 2014, 17 (3): 286–300.

[2] Mccreery, M. P., Vallett, D. B., Clark, C., "Social interaction in a virtual environment: Examining socio-spatial interactivity and social presence using behavioral analytics", *Computers in Human Behavior*, 2015, 51 (PA): 203–206.

[3] Tu, C. H., McIsaac, M., "The relationship of social presence and interaction in online classes", *The American journal of distance education*, 2002, 16 (3): 131–150.

[4] Lowry, P. B., Roberts, T., Romano, Jr. N. C., Cheney, P. D., Hightower, R. T., "The impact of group size and social presence on small-group communication: Does computer-mediated communication make a difference?", *Social Science Electronic Publishing*, 2006, 37 (6): 631–661.

丰富功能的媒介，不仅满足了个体的需要，还现实了麦克卢汉所说的媒介即人的延伸，让个体能够感知到较高的社会临场感，对于网络人际互动行为的发生具有较大的促进效应。但也有学者表示，高社会临场感会带来更大的社会压力和群体成员的规范性影响，① 这种影响会让个体趋于压力和群体规范而选择较低的和一致性的行为。这种效应的发生存在于围绕具有争议性议题的互动中，相反在一般性的小群组交往过程中，社会临场感越高，对于群组成员间的讨论质量和传播内容的丰富性等都具有较大的积极影响。② 因此，本书探讨了社会临场感这一心理学因素对中国乡村居民网络人际交往效果的影响。研究结果在肯定了社会临场感对网络人际交往强度产生积极显著影响的同时，还指出了社会临场感对网络人际交往的质量具有正向影响。这也就意味着对于中国乡村居民而言，"虚拟的在场"对其使用网络有着重要的意义。

乡村里，许多人在使用社交网络，每个乡村居民的使用感受也会不尽相同，但网络技术所带来的影响并不是由网络媒介本身决定的，网络媒介提供的是一个"舞台"，一个较为私密的空间，而真正发挥作用的是乡村居民在使用网络媒介的时候，所产生的心理感受，这种心理感知就是认为彼此双方都是"真实"存在的，乡村居民通过新技术所特有的连接功能而实现心理上的"在

---

① Miranda, S. M., Saunders, C. S., "The Social Construction of Meaning: An Alternative Perspective on Information Sharing", *Information Systems Research*, 2003, 14 (1): 87 – 106; Riegelsberger, J., Sasse, M. A., Mccarthy, J. D., Rich Media, "Poor Judgement? A Study of Media Effects on Users' Trust in Expertise", *People and Computers XIX——The Bigger Picture*, Springer London, 2006, pp. 267 – 284.

② Lowry, P. B., Roberts, T., Romano, Jr. N. C., Cheney, P. D., Hightower, R. T., "The impact of group size and social presence on small-group communication: Does computer-mediated communication make a difference?", *Social Science Electronic Publishing*, 2006, 37 (6): 631 – 661.

一起",感受到了彼此间的亲密性,从而决定和带来交往的维系与发展,提高网络交往的频度和交往的质量。

另外,本书发现,情绪响应(愉悦度和激活度)是作为社会临场感对乡村居民人际互动的中介因素。Gao,Liu 和 Li 在对 SNS 成瘾上的研究发现,社会临场感越强,SNS 用户的情绪响应度越高。① 这部分支持了本书的研究结论。与之不同的是,在人际交往过程中,情绪能够减少个体在社会互动中的不确定性,带来关系的聚合和互动双方的相互承诺。② 而社会临场感作为社会心理因素,能够对用户的态度③和行为④产生积极影响。社交网络作为高语境的媒介,存在较亲密的在线氛围(online atmospherics),且用户能够较为真实地感知到其他人的存在。这种强烈的感知心理,会通过情感和认知、态度对乡村居民的行为产生积极影响。⑤

二 结论的创新性

这一结论的创新点在于三点:1. 与以往研究相比,本书不仅从模型上揭示了社会临场感对人际互动强度和人际互动质量的影

---

① Gao, W., Liu, Z., Li, J., "How does social presence influence SNS addiction? A belongingness theory perspective", Computers in Human Behavior, 2017, 77: 347–355.

② Lawler, E. J., Thye, S. R., "Bringing emotions into social exchange theory", Annual Review of Sociology, 1999, 25 (1): 217–244.

③ Hassanein, K., & Head, M., "Manipulating perceived social presence through the web interface and its impact on attitude towards online shopping", International Journal of Human-Computer Studies, 2007, 65 (8): 689–708.

④ Cheikh-Ammar, M., & Barki, H., "'Like' is More than Just a Thumbs up: The Role of Feedback and Sociability in SNS Usage", AMCIS 2014 Proceedings, Presented at the Twentieth Americas Conference on Information Systems, Savannah, July, 2014. Retrieved from https://aisel.aisnet.org/amcis2014/AdoptionofIT/GeneralPresentations/3.

⑤ Eroglu, Sevgin, A., Machleit, Karen, A., & Davis, Lenita, M., "Empirical testing of a model of online store atmospherics and shopper responses", Psychology & Marketing, 2003, 20 (2): 139–150.

响，更用焦点小组访谈的方法呈现了社会临场感对人际互动的具体影响。2. 本书在控制了社交网络使用等技术决定因素给人际互动带来的影响时，发现了社会临场感的积极预测效应，由此揭示了新媒体使用社会心理因素的重要性。3. 本书创新性地将情绪响应（愉悦度和激活度）放入模型中，作为社会临场感对人际互动影响的中介因素，结论也表明了这一社交网络使用所产生的情绪的价值。

第二节 社会临场感对乡村居民人际关系质量的提升

在控制了人格特质、社交网络的使用模式、社交网络使用动机和网络人际交往投入后，本书发现，社会临场感对乡村居民的人际关系维系、人际关系亲密性和人际信任具有显著积极的影响。在控制了地域之后，研究发现，社会临场感对东部、中部和西部乡村居民的网络人际关系维系、网络人际关系亲密性和网络人际信任均有显著影响，这表明研究结果具有较高的稳健性。焦点小组访谈结果也显示，社会临场感有助于乡村居民亲子关系、友谊关系、亲密关系和老乡关系的发展。但对于近距离的亲子关系和邻里关系的作用受到现实交往的削弱，且在陌生关系上，社会临场感的影响具有"不确定性"。

一 思考与讨论

有学者指出，社会临场感作为媒介技术环境中人际交往过程的一部分，在人际关系的发展中扮演着重要的作用。① 更进一步地，社会临场感能够预测人际关系的亲密性，② 提高人际信任度。③ 这较好地支持了本文的研究发现。对于中国乡村居民而言，由于生活在乡村，关系网络相对较为固定，且加之文化水平和 IT 素养不高，因此社交网络对于他们而言并不是必不可少的工具。他们之所以选择使用社交网络，很大程度上是看中了社交网络的实用性功能和带给他们的积极心理感受。在社交网络上，他们能和熟悉的乡里人保持更加活跃与便捷的沟通，与外出打工的亲人们随时取得互动，建立联系。这种经由社交网络所产生的心理参与、共在意识和亲密性以及行为契合度在很大程度上促使了他们对关系的发展与传播。

格奥尔格·齐美尔的"陌生人理论"认为通过网络建立的陌生关系，既会因为某些因素而相互联结，借助网络符号进行浅层次的交流，又会因为一些因素而使关系相互断裂，出现离散化状态，具有较高的不稳定性。④ 这也就表明，即使个体在社交网络中感知到何种程度的社会临场感，但与陌生人之间的交往往往是碎片化的，无深度的，这也就让乡村居民在面对陌生人关系时表现出了较大的不确定性。

---

① Kehrwald, "Social presence and online communication: A response to mersham", *Journal of Open, Flexible, and Distance Learning*, 2010, 14 (1): 29 – 46.

② Gooch, D., Watts, L., "Up close and personal: Social presence in mediated personal relationships", *Paper presented at 25th BCS conference on human-computer interaction*, British, July, 2011; Gooch, D., & Watts, L., "Social presence and the void in distant relationships: How do people use communication technologies to turn absence into fondness of the heart, rather than drifting out of mind?", *AI & Society*, 2014, 29 (4): 507 – 519.

③ 吕洪兵：《B2C 网店社会临场感与粘性倾向的关系研究》，光明日报出版社 2013 年版。

④ 陈虹、秦静、李静等：《互联网使用对中国城市居民人际交往的影响：社会认同的中介效应》，《新闻与传播研究》2016 年第 9 期。

二 结论的创新性

这一结论的创新点在于验证了社会临场感对乡村居民网络人际维系、网络人际关系亲密性和网络人际信任的积极效应,更加有力地呈现了社会临场感与关系传播之间的关系建构。同时通过焦点小组访谈的结果也显示,作为社会临场感的四个维度,即心理参与、共在意识、亲密性和行为契合度对乡村居民人际关系的发展也起到了重要作用。这表明,新媒体使用的社会心理因素,不仅影响了互动,也影响了关系的状态和效果。

第三节 社会临场感对乡村居民社会资本的建构

在控制了人格特质、社交网络的使用模式、社交网络使用的动机和网络人际交往投入后,研究发现,社会临场感能够积极影响乡村居民的网络社会资本和现实社会资本。并且,社会临场感与社交网络使用动机和网络人际交往投入的交互项也有不同的结论,即在乡村居民的网络社会资本建构上,社会临场感与三个因素的交互项均不具有显著效应,而在现实资本上,除了社会临场感与情感性交往动机的交互项不显著外,其余两个交互效应都呈现显著。在控制了地域后,研究发现,东部、中部和西部乡村居民的社会临场感均会对他们的社会资本(网络社会资本和现实社会资本)产生积极影响,这也进一步反映了研究结论具有较高的稳健性。焦点小组访谈结果显示,在同乡和同身份的乡村居民上,社会临场感能够给他们带来较强的关系资本和互惠规范,而对于跨地域的社会资本建构，社会临场感具有一定的影响，但影响需要考虑其他更多元的因素。

一 思考与讨论

首先，有研究者从社会临场感和社会资本的视角研究了网络游戏社区如何留住玩游戏的用户，但他是从网络融合、相互依存、社区意识和关系转换成本的角度来衡量社会临场感和社会资本，具有较大的扩展性和特殊性。① 而有学者则更加具体地检测了网络在线学习社区中社会临场感和社会资本的关系，他们发现，社会临场感与在线学习者的网络社会资本和现实社会资本具有显著的相关关系。② 这些发现较好地为本书的结论提供了支撑性作用，在此基础上，本书进一步揭示了社会临场感和社会资本之间的影响机制关系。

中国乡村居民能够通过社交网络感知到网络他者的"真实"存在，也能够在同乡建立的社会网络间感知事件或者信息的真实性与重要性，这种感知会让他们产生"感同身受"或者同情心/同理心，促使他们成为行动者，从而产生互惠规范。罗伯特·D.帕特南（2017：201）提到互惠规范是一种高度生产性的社会资本。当个体在执行某一行为时可能只是短期的利他，但长期上这些行为可能会使参与者受益。乡村居民在社交网络中感知到的社会临场感，能拉近同乡的距离，也能让具有相同身份归属（如少

---

① Tseng, F. C., Huang, H. C., Teng, C. I., "How Do Online Game Communities Retain Gamers? Social Presence and Social Capital Perspectives", *Journal of Computer-mediated Communication*, 2015, 20 (6): 601-614.

② Oztok, M., Zingaro, D., Makos, A., et al., "Capitalizing on social presence: The relationship between social capital and social presence", *Internet & Higher Education*, 2015, 26: 19-24.

数民族，或者宗教信徒）的他们将短期的利他与长期的利己结合起来，强化了人际信任，进而有助于不断提升社会资本总量。①

但是对于跨地域上，与完全没有任何"联结"的陌生人间建构社会资本不是不可能，只是在乡村居民身上显得很保守和艰难。一来即使能从社交网络中感知到较高的社会临场感，但乡村居民趋向保守的心态会抵消这种心理参与与亲密性，担心受欺骗和损失降低了社会信任，所以对于乡村居民而言，社会资本的建构与维系存在较为明显的两种：一是考量同乡关系资本与身份认同的情况下，人际信任度和互惠规范较强，网络社会资本和现实社会资本都较为容易发生；二是相较之，对于超越这个层面的社会资本，他们趋向于保守，且发生需要调动更多因素的参与。

在调节效应上，社会临场感与网络交往动机（工具性网络交往动机和情感性网络交往动机）和网络人际交往投入的交互项在乡村居民网络社会资本上不具有显著性。可能性的解释是网络交往动机和网络人际交往投入可能会给乡村居民带来一定的网络关系资本，但对于网络关系资本的质量如何需要再考量，同时乡村居民对网络趋向于不现实、不实际以及不信任的心态让互惠性和信任度难以提高，因此调节作用不显著。而对于乡村居民的现实社会资本，因为乡村居民的现实社会资本基本是围绕同乡之间展开，更多需要的是实际上的互惠和关系资本的建立，所以具有功利性的网络交往动机和网络人际交往投入的调节能发挥影响，而情感性的网络交往动机更多集中于网络情绪表达和网络抒情方式上，对于较为实际和保守的乡村居民而言，显得刺激不大。通过

---

① 胡涤非：《农村社会资本的结构及其测量——对帕特南社会资本理论的经验研究》，《武汉大学学报》（哲学社会科学版）2011年第4期。

回归分析，还有调节效应我们也能发现，情感性的网络交往心态对于乡村居民社会资本的建构都存在不显著，由此我们推断对于乡村居民的情感性网络交往心态或许表现得更为保守与隐晦，所以影响效果上可能不太理想。

二 结论的创新性

这一结论的创新点在于研究发现了社会临场感对乡村居民社会资本的影响效应，补充了以往研究只提及相关的不足。同时，本书也加入了调节效应，更加多元地呈现了交往动机以及网络人际交往投入对于乡村居民网络社会资本和现实社会资本的不同调节效应。焦点小组访谈结果更进一步地揭示了对于同乡间和具有相同身份认同的乡村居民而言，网络社会资本和现实社会资本都较为容易产生，而对于跨地域的社会资本（没有任何联结）则相对有限。

第四节 研究启示：社会临场感与关系传播
——社会心理学视角

一 理论启示之一：新媒体使用的社会心理学解释路径

以社会临场感作为主体理论基础和研究起点，本书探讨了社会临场感对于中国乡村居民人际交往的影响。研究发现，作为新媒体使用的社会心理因素，社会临场感对乡村居民人际交往产生了积极的显著影响。这一研究结果表明，尽管中国的互联网环境与西方有着较大的差异，且中国城乡呈现高度异质化的局面，但是社会临场感依然是预测中国乡村居民人际交往的重要因素。本书的研究在证实了新媒体使用的社会心理因素对用户使用行为的发生起着重要的作用的同时，也有力支持了长期以来一些西方学者有关人类选择性行为的假设：即人类的选择行为是有意识的结果，而非无意识的行动。①

以往的研究更多站在技术决定论的视角研究社交媒体对用户意识和行为的影响，这一研究思路无可厚非。因为新媒体的出现，的确会给用户的日常生活带来较大的影响，就乡村居民而言，社交网络的使用打破了乡村传统的人际沟通与交往模式，让他们的沟通与交往在更加方便、快捷的同时，也更广阔及深远。

但在关注技术决定论的研究路径时，我们也需要试图去解析和讨论这样一个问题：社会心理因素是否会促进和影响社交网络用户的关系传播与建构，甚至使用行为？通过本书的研究结论，我们发现，这种新媒体使用所产生的社会心理因素的确会对个体的人际交往发挥着重要的影响。社交网络提供给个体一个"舞台"，让他们将关系聚拢与深化，让交往变得"没有障碍"。社交网络发挥了一个"场域"的功效，而更重要的是"生活"于其中的个体的内在心理感受与状态。

社会临场感作为社会心理因素，旨在探讨媒介用户在媒介使用过程中的心理感知，以及由此而对意识和行为产生的影响，这一研究立于心理学解释路径，区别于从技术决定论和传统文化决定论视角研究问题的解释路径。由此，新媒体使用的社会心理学

---

① Ajzen, I., *From Intentions to Actions: A Theory of Planned Behavior*, *Action Control*, Springer Berlin Heidelberg, 1985; Oliver, R. L., "Satisfaction: a behavioral perspective on the consumer", *Asia Pacific Journal of Management*, 1997, 2 (2): 285–286.

视角应该成为新的解释路径。

二 理论启示之二：关系传播理论的发展

关系传播理论的劣势表现在对人际关系亲密性和人际信任的缺失讨论。① 而本书在对乡村居民人际关系效果进行设置的时候，将人际关系亲密性和人际信任维度纳入了模型中，研究结论也证实社会临场感的确对乡村居民的人际关系亲密性和人际信任产生重要的影响。由此，对于关系传播理论的发展，研究从人际关系亲密性和人际信任的维度做出了理论讨论，丰富了该理论的内涵，弥补了该理论的这一劣势。

另外，研究抓住了殷晓蓉对于关系传播理论的未来研究方向的阐述，其提到关系传播理论的未来研究可以将个体成员间的情绪反应、情感等进行了发展。② 基于此，本书在研究乡村居民网络人际互动效果问题时，将情绪响应纳入模型中考量这一影响效应。此外，在焦点小组访谈部分，研究也发现情感因素是关系建立、维系与传播的重要指标。由此，本书认为，对于关系传播理论的发展，本书证实了个体成员间的情绪、情感对于关系传播的重要性。

再者，本书还站在社会心理学的视角，对关系传播与建构的问题进行了探讨。在新媒体时代，针对人际交往的研究不可避免，也是未来研究的重点所在。本书将社会临场感用于研究乡村

---

① Millar, F. & Rogers, L. E., *Relationship dimensions of interpersonal dynamics*, In M. Roloff & G. Miller (Eds.) Explorations in interpersonal processes: New directions in communication research, Newbury Park, CA: Sage, 1987, pp. 117 – 139.
② [美] 巴克斯特、布雷思韦特：《人际传播：多元视角之下》，殷晓蓉、赵高辉、刘蒙之译，上海译文出版社 2010 年版。

居民的人际交往问题，研究结论也表明，社会临场感对于乡村居民人际交往具有十分重要的作用。而关系传播理论的内涵所关注的也是人际互动和人际关系的问题，所以本书认为，传播心理或者新媒体使用心理对于关系传播的影响，也应是重要的方向。

三 理论启示之三：社会临场感理论的再审视

本书基于社会临场感理论对中国乡村居民的人际交往进行研究，研究结果显示，社会临场感的确会对中国乡村居民人际交往产生积极且重要的影响。但是研究也发现，对于"近在身边"的个体之间，以及不具有同身份或同乡之间，网络平台所产生的社会临场感会出现"失调"的状态。

社会临场感所提及的是媒介允许个体之间建构人际联系的程度。① 不同的媒介具有不同程度的社会临场感，对于社交网络而言，个体从社交网络中所感知到的社会临场感较高。但通过研究发现，对于中国乡村居民而言，社交网络所产生的社会临场感并不是唯一状态，这种心理感受的产生会受到距离、身份认同以及信任度等因素的限制。因此，对于社会临场感理论的内涵，即心理参与、共在意识、亲密性和行为契合度而言，是需要考量更多因素，并根据这些因素而产生变化。

四 实践启示

从实践的角度来看，本书对于电信运营商和电子商务企业在乡村的扩散和业务拓展方面具有一定的启示意义。一方面，企业

---

① 吕洪兵：《B2C 网店社会临场感与粘性倾向的关系研究》，光明日报出版社 2013 年版。

应该注重媒介的"温度"的设计,让媒介具有一种亲和感,强化用户的用户满意度和使用黏性;另一方面,企业应该重视用户的使用心理,利用大数据等技术获取用户的心理需求,从而不断完善媒介的功能设置,增加更有"人情味"的应用。

此外,由于社交网络给乡村居民带来了较大的影响,所以政府部门也可以积极利用社交网络建立乡村网络,便于乡村治理,而乡村卫生医疗单位则可利用社交网络,建立乡村的健康传播新渠道,在社交网络中开展健康宣传和健康教育。乡村还可以通过社交网络整合本村和邻村的资源,将外出的乡村青年人员和乡村精英通过社交网络建立关系,利于保持乡村的有序发展与建设。

结　　语

　　本书着重从新媒体使用的社会心理学视角关注乡村居民人际交往的影响因素。

　　研究选取社会临场感理论和关系传播理论作为理论基础，社会临场感作为个体使用媒介所产生的社会心理感知因素，近年来也逐渐受到了传播学者的关注，它旨在揭示媒介用户在使用媒介过程中所产生的心理参与、共在意识、亲密性和行为契合度的感知。而关系传播理论是研究人际传播和人际关系时需要重点关注的理论基础，该理论是以建立人际关系为基础的交往模式或理论环境，认为个体之间通过传播行为而产生或建立关系。

　　研究采取量化和质化相结合的方法对中国乡村居民的人际互动、人际关系和社会资本进行讨论。研究通过在中国东部、中部和西部7个城市的乡村收集到1162份有效问卷用以量化分析社会临场感对乡村居民人际交往的影响，同时对51个乡村居民进行了6组焦点小组访谈，试图更加具体与深入地再挖掘社会临场感和乡村居民人际交往之间的内在联系。

　　首先，量化研究发现，在控制人口学因素、人格特质、社交网络的使用模式以及社交网络的使用动机和网络人际交往投入后,社会临场感仍然对中国乡村居民的网络人际交往的三个方面,即网络人际互动(网络人际互动质量和网络人际互动强度)、网络人际关系(网络人际关系维系、网络人际关系亲密性和网民人际信任)以及社会资本(网络社会资本和现实社会资本)产生显著且积极的影响作用。这进一步凸显了作为新媒体使用的社会心理因素,社会临场感在乡村居民人际交往上的重要性与关键性。

其次,质化研究发现,社会临场感能让乡村居民更乐于表达和互动,提高了乡村居民的情感表达,强化了他们亲子间、朋友间、恋人间以及老乡间的交往行为,有助于乡村居民亲子关系、友谊关系、亲密关系和老乡关系的发展,但同时也指出,这种影响会随着地理位置的远近发生一定的变化,对于近距离的亲子关系和邻里关系的作用会受到现实交往的削弱,且在陌生关系上,社会临场感的影响具有"不确定性"。另外,社会临场感能够给具有同乡或同身份的乡村居民带来较强的关系资本和互惠规范,但在对于跨地域的社会资本建构影响上,社会临场感的发挥需要考虑更多因素的"调适"。

最后,无论是量化研究,还是质化挖掘,社会临场感都对乡村居民的人际交往发挥着重要的影响。这表明新媒体使用的社会心理学解释路径,应该成为区别于技术决定论和传统文化决定论视角的另一重要解释路径。同时对于关系传播理论从传播心理或新媒体使用心理视角进行阐释与拓展也得到一定的启示。在实践方面,对于企业在乡村的扩散、运营与管理、政府对乡村的治理,以及相应的信息传播和乡村资源整合上都有一定的现实意义。

本书的局限主要表现在以下几个方面：1. 研究的样本收集为东部（山东省、江苏省）、中部（湖南省、江西省）和西部（云南省、甘肃省和湖北省恩施土家族苗族自治州）三个地域的乡村地区，东部和西部的城市选择上考虑到了北方和南方的选择，但在中部地区的两个城市均集中于南方地区，由于研究资源的缺乏，未能均衡选择。2. 在研究主体上，因对人际交往的概念界定，将其从乡村人际互动、乡村人际关系和乡村社会资本三个面向考虑，但实际人际交往也包含很多重要的方面，如乡村权力关系等，因研究关注角度的设置，未能给予进一步挖掘。3. 研究采用焦点小组访谈法进一步细致与深入地挖掘社会临场感对乡村居民人际交往的影响，虽然焦点小组选择了东部、中部和西部的受访者，但未能对这些质性材料进行地域间的比较。4. 在针对社会临场感对乡村居民网络人际互动和网络人际关系的影响上，未能考虑到社会临场感对乡村居民现实人际互动和现实人际关系的影响。

根据研究局限以及研究未来发展方向，本书提出以下研究的展望：1. 未来研究可以在关注社会临场感的基础上，对模型进行改造与完善，加入"网络信任"和"网络隐私关注"等重要的因素。2. 因为研究的主体为中国乡村居民，所以未来研究可以针对城市居民进行研究，从而将城市与乡村进行具体的比较，以发现和讨论其中的异同。3. 因本书关注的主体是乡村居民，在其社交网络等新媒体技术使用上，网络自我效能、感知易用性、家庭经济状况等也是十分重要的因素，未来研究可以将这些因素纳入考虑。4. 未来研究可以将人际交往进一步扩展，纳入权力关系等方面，同时也可以聚焦于乡村或者城市人际传播上，使得研究更加丰富。5. 未来研究还可进一步考虑将"社会临场感"进行维度划分,如从其内涵着手将其分为"心理参与""共在意识""亲密性"与"行为契合度",并将这些维度与人际交往建构关系模型,或者从"社会临场感"的面向出发,将其划分为"认知社会临场感""情感社会临场感"和"意识社会临场感",并揭示它们与人际交往的潜在关系,更进一步地解析社会临场感给人际交往带来的影响。

参考文献

一 中文文献

［美］巴巴拉·M.纽曼：《社交媒体影响青少年同伴关系：友谊、孤独感和归属感》，《中国青年研究》2014年第2期。

［美］巴克斯特、布雷思韦特：《人际传播：多元视角之下》，殷晓蓉、赵高辉、刘蒙之译，上海译文出版社2010年版。

曹锦清、张乐天：《传统乡村的社会文化特征：人情与关系网——一个浙北村落的微观考察与透视》，《探索与争鸣》1992年第2期。

曹晋、梅文宇：《城乡起跑线上的落差：转型中国的数字鸿沟分析》，《当代传播》（汉文版）2017年第2期。

长莉：《"差序格局"的理论诠释及现代内涵》，《社会学研究》2003年第1期。

巢好：《农村麻将桌上的人际传播及其对农村传统人际传播的影响》，硕士学位论文，广西大学，2016年。

陈冬梅：《浅析社会主义新农村建设中人际关系的变化》，《天府新论》2008 年第 s2 期。

陈国阶:《我国东中西部发展差异原因分析》,《地理科学》1997 年第 1 期。

陈虹、秦静、李静等:《互联网使用对中国城市居民人际交往的影响:社会认同的中介效应》,《新闻与传播研究》2016 年第 9 期。

陈力丹:《试论人际关系与人际传播》,《国际新闻界》2015 年第 3 期。

陈蜜:《社交媒体对大学生人际交往影响调查报告》,硕士学位论文,安徽大学,2014 年。

陈世华、黄盛泉:《近亲不如远邻:网络时代人际关系新范式》,《现代传播——中国传媒大学学报》2015 年第 12 期。

陈显军、郑兴波、梁君:《东中西部文化产业发展比较研究》,《改革与战略》2012 年第 7 期。

陈志娟:《信息传播与人际关系建构:以微信使用为例》,《新闻与写作》2017 年第 12 期。

迟新丽:《大学生网络交往动机问卷编制及相关问题研究》,硕士学位论文,西南大学,2009 年。

仇小玲、屈勇:《从"叫人"到"雇人":关中农村人际关系的变迁》,《西北农林科技大学学报》(社会科学版)2008 年第 8 期。

仇学英:《社会主义新农村发展传播模式论》,中国传媒大学出版社 2011 年版。

丁未:《流动的家园:"攸县的哥村"社区传播与身体共同体研究》,社会科学文献出版社 2014 年版。

丁未、田阡:《流动的家园:新媒介技术与农民工社会关系个案研究》,《新闻与传播研究》2009年第1期。

方艳:《论人际关系媒介化》,《国际新闻界》2012年第7期。

费爱华:《乡村社会日常人际传播及其社会功能》,《湖南农业大学学报》(社会科学版)2016年第4期。

费坚、胡涛:《新媒体使用习惯及其影响的实证研究——基于社会心理学的视角》,《浙江学刊》2015年第6期。

费孝通:《〈中国乡村考察报告〉总序》,《社会》2005年第1期。

费孝通:《乡土中国》,中华书局1948年版。

冯广圣:《乡村人际传播中行动者身份解构与村庄社区传播模型建构》,《新闻界》2013年第17期。

冯广圣:《一种特殊的人际传播:闲话传播——基于桂东南L村的实地考察》,《国际新闻界》2012年第4期。

高潮:《论乡村传播影响下的农村青年社会化》,《华中农业大学学报》(社会科学版)2010年第3期。

高培霞:《人际互动的情感研究:取向、路径与展望》,《山西大学学报》(哲学社会科学版)2015年第5期。

葛红宁、周宗奎、牛更枫等:《社交网站使用能带来社会资本吗?》,《心理科学进展》2016年第3期。

龚虹波:《论"关系"网络中的社会资本——一个中西方社会网络比较分析的视角》,《浙江社会科学》2013年第12期。

关琮严:《媒介与乡村社会变迁研究述评》,《现代视听》2012年第8期。

桂华、于珊:《东中西部乡村振兴的重点有何不同》,《人民论坛》2018年第12期。

郭建斌:《传媒与乡村社会:中国大陆20年研究的回顾、评价与思考》，《现代传播——中国传媒大学学报》2003 年第 3 期。

郭建斌：《电视下乡：社会转型期大众传媒与少数民族社区——独龙江个案的民族志阐释》，硕士学位论文，复旦大学，2003 年。

郭瑾：《微信传播与社会关系建构：透视中产阶层》，《重庆社会科学》2015 年第 12 期。

韩敏：《社交媒体对农村青年人际传播的影响》，硕士学位论文，华中师范大学，2015 年。

韩萍、颜桂英：《东中西部地区互联网信息网络应用的差距与影响》，《中国科技论坛》2007 年第 6 期。

郝晓鸣、赵靳秋：《从农村互联网的推广看创新扩散理论的适用性》，《现代传播——中国传媒大学学报》2007 年第 6 期。

何晓丽：《积极情绪对人际信任与人际互动影响的线索效应》，硕士学位论文，陕西师范大学，2013 年。

胡春阳：《寂静的喧嚣·永恒的联系：手机传播与人际互动》，上海三联书店 2012 年版。

胡春阳：《经由社交媒体的人际传播研究述评——以 EBSCO 传播学全文数据库相关文献为样本》，《新闻与传播研究》2015 年第 11 期。

胡春阳、周劲：《经由微信的人际传播研究》（一），《新闻大学》2016 年第 3 期。

胡涤非：《农村社会资本的结构及其测量——对帕特南社会资本理论的经验研究》，《武汉大学学报》（哲学社会科学版）2011 年第 4 期。

金恒江、张国良：《微信使用对在华留学生社会融入的影响——基于上海市五所高校的调查研究》，《现代传播——中国传媒大学学报》2017年第1期。

金守庚:《内因和外因》,《哲学研究》1981年第5期。

金玉萍:《电视实践:一个村庄的民族志研究》,上海交通大学出版社2015年版。

[美] Kirk Johnson:《电视与乡村社会变迁:对印度两村庄的民族志调查》,展明辉、张金玺译,中国人民大学出版社2005年版。

李春霞:《彝民通过电视的仪式——对一个彝族村落"电视与生活"关系的民族志研究》,《思想战线》2005年第5期。

李红艳:《关于乡村传播与新农村建设的几点思考》,《中国农业大学学报》(社会科学版)2006年第3期。

李红艳:《乡村传播学概念解析——兼论乡村传播学与发展传播学之异同》,《新闻界》2008年第6期。

李红艳:《乡村传播与农村发展》,中国农业大学出版社2008年版。

李红艳、谢咏才、谭英:《构建中国乡村传播学的基本思路——传播学本土化的一种探索》,《中国农业大学学报》(社会科学版)2005年第2期。

李伟:《破解农村互联网发展主要制约的路径与对策研究》,《农村经济与科技》2014年第2期。

李文芳、李明、吴峰:《论人际传播手段在农村健康教育中的地位和作用》,《中国健康教育》1995年第6期。

李文忠、王丽艳:《关系信任对知识分享动机及分享行为的影响》,《经营与管理》2013年第2期。

李瑛、游旭群:《互联网使用行为的心理学研究》,《中国特殊教育》2007年第4期。

廖圣清、申琦、韩旭:《手机短信传播与大学生社会网络的维护和拓展——基于深度访谈的探索性研究报告》,《新闻记者》2010年第 11 期。

林功成、李莹、陈锦芸:《大学生的社交焦虑、自我表露与网上互动——对微博社交行为的路径分析》,《青年研究》2016 年第 4 期。

林铭、朱艺华、卢美杏:《关爱农村留守儿童的微信公众平台设计与应用研究》,《中国电化教育》2017 年第 8 期。

林耀华、庄孔韶、林宗成:《金翼:中国家族制度的社会学研究》,生活·读书·新知三联书店 2008 年版。

刘昊:《微博对网络社会中人际关系的重构》,《新闻战线》2012年第 10 期。

刘珂、佐斌:《网络人际关系与现实人际关系一体论》,《云南师范大学学报》(哲学社会科学版)2014 年第 2 期。

刘宇航:《乡土传统与传播技术的协商——互联网时代乡村社会交往的思考》,《青年记者》2016 年第 11 期。

刘展:《媒介场景中的农村社会交往——对姜东村的田野调查》,《当代传播》(汉文版)2017 年第 4 期。

刘展、姚君喜:《"媒介场域":乡村传播媒介的分析视域——以东北 J 村为例》,《西南民族大学学报》(人文社会科学版)2016年第 1 期。

吕洪兵:《B2C 网店社会临场感与粘性倾向的关系研究》,光明日报出版社 2013 年版。

吕剑晨、张琪:《网络与现实:人际关系的质量差异》,《应用心理学》2017 年第 1 期。

[美] 罗伯特·D. 帕特南:《使民主运转起来——现代意大利的公

民传统》，王列、赖海榕译，中国人民大学出版社2017年版。

罗江琴：《新媒体与乡村人际交往——鹤庆县逢密白族村的个案研究》，硕士学位论文，云南大学，2016年。

马得勇：《乡村社会资本的政治效应——基于中国20个乡镇的比较研究》，《经济社会体制比较》2013年第6期。

［德］马丁·布伯：《对人的问题的展望，存在主义哲学资料选辑》上卷，商务印书馆1997年版。

马志浩、吴玫：《通话中的农村与手机网络通讯的城市：移动传播与社会资本的基层图景》，《新闻大学》2018年第1期。

牛炜玲：《乡村社会人际传播研究》，硕士学位论文，华中农业大学，2011年。

牛耀红：《在场与互训：微信群与乡村秩序维系——基于一个西部农村的考察》，《新闻界》2017年第8期。

浦睿洁：《农民工返乡创业与乡村人际关系变迁》，硕士学位论文，华东师范大学，2012年。

齐振海：《内因与外因的辩证关系和在事物发展中的作用》，《北京师范大学学报》（社会科学版）1962年第2期。

邱泽奇、张樹沁、刘世定等：《从数字鸿沟到红利差异——互联网资本的视角》，《中国社会科学》2016年第10期。

沙垚：《乡村传播研究的范式探索》，《新闻春秋》2015年第4期。

沙垚：《乡村传播与知识分子——以关中地区皮影的历史实践（1949—2013）为案例》，《新闻大学》2014年第4期。

申琦：《自我表露与社交网络隐私保护行为研究——以上海市大学生的微信移动社交应用（APP）为例》，《新闻与传播研究》2015年第4期。

孙慧玲、胡伟文：《小样本条件下参数估计方法比较研究》，《统计与决策》2014 年第 24 期。

孙信茹：《微信的"书写"与"勾连"——对一个普米族村民微信群的考察》，《新闻与传播研究》2016 年第 10 期。

谭涛、张茜、刘红瑞：《我国农村老年人口的健康不平等及其分解——基于东中西部的实证分析》，《南方人口》2015 年第 3 期。

唐清云：《人际传播对农民政治参与的影响研究》，硕士学位论文，华中农业大学，2004 年。

田丽、安静：《网络社交现状及对现实人际交往的影响研究》，《图书情报工作》2013 年第 15 期。

童清艳、迟金宝：《微信实时传播的社会临场感影响因子研究——以上海交通大学学生微信使用为例》，《上海交通大学学报》（哲学社会科学版）2016 年第 2 期。

王春娟：《农民社会资本的缺失与重构》，《中州学刊》2015 年第 4 期。

王德海：《农村发展传播学》，中国农业大学出版社 2012 年版。

王桂娜、张丽萍：《内蒙古民族文化的视觉传播策略——以"鄂尔多斯婚礼"为例》，《前沿》2013 年第 7 期。

王海森：《新媒介视域下乡村社会交往变迁——基于皖北孙岗村研究》，硕士学位论文，安徽大学，2016 年。

王玲宁：《微信使用行为对个体社会资本的影响》，《新闻大学》2015 年第 6 期。

王杨、陈作平：《微信社交网络中的关系资源投入与回报》，《现代传播——中国传媒大学学报》2017 年第 11 期。

王怡红：《关系传播理论的逻辑解释——兼论人际交流研究的主要对象问题》，《新闻与传播研究》2006年第2期。

韦路、陈稳：《城市新移民社交媒体使用与主观幸福感研究》，《国际新闻界》2015年第1期。

卫欣、张卫：《社会化媒体视域下乡村初级群体的交往行为研究》，《南京社会科学》2017年第9期。

魏景霞：《从媒介史角度看微博对人际关系的影响》，《新闻界》2012年第17期。

温忠麟、刘红云、侯杰泰：《调节效应和中介效应分析》，教育科学出版社2012年版。

吴欢：《虚拟社区与老年网民的社会参与——对上海老年门户网站"老小孩"的研究》，《新闻大学》2013年第6期。

谢静：《微信新闻：一个交往生成观的分析》，《新闻与传播研究》2016年第4期。

熊芳芳、赵平喜：《公共空间人际传播对我国农村社会结构的影响分析》，《新闻界》2009年第3期。

熊峰、余盼：《农村人际关系的结构性要素及其变迁》，《武汉纺织大学学报》2015年第4期。

熊顺聪：《乡村人际传播中的村干部形象》，《新闻界》2013年第4期。

徐晖明：《我国发展传播学研究状况》，《当代传播》2003年第2期。

徐煜：《新浪微博中的线上关系网络与社会资本获得：以国内新闻传播学术共同体的线上链接关系网络为例》，《新闻大学》2014年第4期。

阎云翔：《私人生活的变革：一个中国村庄里的爱情、家庭与亲密关系：1949—1999》，上海书店 2009 年版。

叶明睿：《扩散进程中的再认识：符号互动视阈下农村居民对互联网认知的实证研究》，《新闻与传播研究》2014 年第 4 期。

游淳惠、徐煜：《互联网使用与政治参与关系的再审视：基于 2012 年台湾地区 TCS 数据的实证分析》，《国际新闻界》2015 年第 8 期。

曾凡斌：《互联网使用方式与社会资本的关系研究——兼析互联网传播能力在其间的作用》，《湖南师范大学社会科学学报》2014 年第 4 期。

詹恂、严星：《微信使用对人际传播的影响研究》，《现代传播——中国传媒大学学报》2013 年第 12 期。

张杰、付迪：《在场而不交流？移动网时代的人际交往新情境建构》，《国际新闻界》2017 年第 12 期。

张劲松：《乡愁生根：发展不平衡不充分背景下中西部乡村振兴的实现》，《江苏社会科学》2018 年第 2 期。

张明新、韦路：《知识、态度与乡村社会的家庭互联网采纳》，《传播与社会学刊》2009 年第 10 期。

张志安、沈菲：《中国受众媒介使用的地区差异比较》，《新闻大学》2012 年第 6 期。

赵曙光：《社交媒体的使用效果：社会资本的视角》，《国际新闻界》2014 年第 7 期。

郑京平：《Bootstrap 方法在复杂抽样中的应用》，《统计研究》1987 年第 1 期。

郑路鸿：《互联网使用对城市家庭亲子关系质量的影响——来自

湖南长沙的调查》,《湖南社会科学》2015年第3期。

郑永年:《技术赋权——中国的互联网》,《国家与社会》,东方出版社2014年版。

钟智锦:《互联网对大学生网络社会资本和现实社会资本的影响》,《新闻大学》2015年第3期。

周菲、李小鹿:《社会临场感对网络团购消费者再购意向影响研究》,《辽宁大学学报》(哲学社会科学版)2015年第4期。

周晓虹:《流动与城市体验对中国农民现代性的影响——北京"浙江村"与温州一个农村社区的考察》,《社会学研究》1998年第5期。

周懿瑾、魏佳纯:《"点赞"还是"评论"?社交媒体使用行为对个人社会资本的影响——基于微信朋友圈使用行为的探索性研究》,《新闻大学》2016年第1期。

周志民、张江乐、熊义萍:《内外倾人格特质如何影响在线品牌社群中的知识分享行为——网络中心性与互惠规范的中介作用》,《南开管理评论》2014年第3期。

朱海龙:《人际关系、网络社会与社会舆论——以社会动员为视角》,《湖南师范大学社会科学学报》2011年第4期。

朱丽丽、李灵琳:《基于能动性的数字亲密关系:社交网络空间的亲子互动》,《中国地质大学学报》(社会科学版)2017年第5期。

朱炜、郑大庆、王文灿等:《基于社会资本视角的微信和微博的对比研究——以高校人群为例》,《情报杂志》2014年第6期。

二 英文文献

Ajzen, I., *From Intentions to Actions: A Theory of Planned Behavior*

Action Control, Springer Berlin Heidelberg, 1985.

Allen, J. C., & Dillman, D. A., "Against all odds: rural community in the information age", *American Journal of Sociology*, 1994.

A. Durak Batigün, Derya Hasta, "Internet addiction: An evaluation in terms of loneliness and interpersonal relationship styles", *Anadolu Psikiyatri Dergisi Anatolian Journal of Psychiatry*, 2011.

Baxter & Braithwaite, *Engaging theories in interpersonal communication: multiple perspectives*, Sage Publications, 2008.

Baxter, Leslie, A. (Ed.), Braithewaite, Dawn, O. (Ed.), "Engaging theories in interpersonal communication: Multiple perspectives", *Hedianzixue Yu TanceJishu/nuclear Electronics & Detection Technology*, 2016, 34 (2): 1255 – 1267.

Berger, P., & Kellner, H., *Marriage and the construction of reality: An exercise in the micro-sociology of knowledge*, Diogenes, 1964, 46: 1 – 25.

Biocca, F., Harms, C., Gregg, J., "The networked minds measure of social presence: Pilot test of the factor structure and concurrent validity", *Paper Presented at the Presence*, Philadelphiam, 2001.

Biocca, F., Burgoon, J., Harms, C., Stoner, M., *Criteria and scope conditions for a theory and measure of social presence*, Presence: Teleoperators and virtual environments, 2001.

Bonnefond, C., Clément, M., & Combarnous, F., "In search of the elusive Chinese urban middle class: an exploratory analysis", *Cahiers Du Gretha*, 2013, 27 (1): 41 – 59.

Bourdieu Pierre, *The Forms of Capital*, Handbook of Theory and Research for the Sociology of Education, 1986.

Calabrese, A., Burke, B. R., "American identities: nationalism, the media, and the public sphere", *Journal of Communication Inquiry*, 1992, 16 (2): 52–73.

Campbell, S. W., Kwak, N., "Mobile communication and social capital: An analysis of geographically differentiated usage patterns", *New Media & Society*, 2013, 12 (3): 435–451.

Cheikh-Ammar, M., & Barki, H., "Like" is More than Just a Thumbs up: The Role of Feedback and Sociability in SNS Usage, *AMCIS 2014 Proceedings, Presented at the Twentieth Americas Conference on Information Systems*, Savannah, July, 2014. Retrieved from, https://aisel.aisnet.org/amcis2014/AdoptionofIT/GeneralPresentations/3.

Chen, C., Qin, B., "The emergence of china's middle class: social mobility in a rapidly urbanizing economy", *Habitat International*, 2014, 44: 528–535.

China Internet Network Information Centre (CNNIC), China Statistical Report on Internet Development 39th Survey Report, 2017.

Choi, T. S., An, J. Y., "The Effect of Psychological Environment of Home and Interpersonal Relationship Skills on Adolescents' Internet Game Addiction", *Journal of the Korean Society for Computer Game*, 2010.

Cole, H., Griffiths, M. D., "Social Interactions in Massively Multiplayer Online Role-Playing Gamers", *Cyber Psychology & Behavior*, 2007, 10 (4): 575.

参考文献

Compaine, B. M., *The digital divide: facing a crisis or creating a myth?*, Boston, MA: MIT Press, 2001.

Dalbudak, E., Evren, C., Aldemir, S., et al., "Relationship of internet addiction severity with depression, anxiety, and alexithymia, temperament and character in university students", *Cyberpsychology Behavior & Social Networking*, 2013.

Das, S., Echambadi, R., Mccardle, M., et al., "The Effect of Interpersonal Trust, Need for Cognition, and Social Loneliness on Shopping, Information Seeking and Surfing on the Web", *Marketing Letters*, 2003.

David, L., Hogeboom, Robert, J., McDermott, Karen, M., Perrin, et al., "Internet Use and Social Networking Among Middle Aged and Older Adults", *Educational Gerontology*, 2010.

DeSchryver, M., Mishra, P., Koehleer, M., Francis, A., Moodle vs. facebook: Does using Facebook for discussions in an online course enhance perceived social presence and student interaction? *Proceedings of the society for information technology & teacher education international conference*, March, 2009, 1: 329 – 336. Retrieved from http://www.editlib.org/noaccess/30612/.

Duncan, H. D., The Search for a Social Theory of Communication in American Sociology, In F. Dance (Ed.), *Human communication theory*, New York: Holt, Rinehart & Winston, 1967.

Eroglu, Sevgin, A., Machleit, Karen, Davis, Lenita, M., "Empirical testing of a model of online store atmospherics and shopper responses", *Psychology & Marketing*, 2003.

Eroglu, S. A., Machleit, K. A., Davis, L. M., "Atmospheric qualities of online retailing: A conceptual model and implications", *Journal of Business Research*, 2001.

Fortin, D. R., & Dholakia, R. R., *Interactivity and vividness effects on social presence and involvement with a web-based advertisement*, Journal of business research, 2005.

Fredrickson, B. L., Cohn, M. A., Coffey, K. A., et al., "Open hearts build lives: positive emotions, induced through loving-kindness meditation, build consequential personal resources", *J Pers Soc Psychol*, 2008, 95 (5): 1045 – 1062.

Gan, C., & Wang, W., "Uses and gratifications of social media: a comparison of microblog and wechat", *Journal of Systems & Information Technology*, 2015.

Gao, W., Liu, Y., Liu, Z., et al., "How does presence influence purchase intention in online shopping markets? An explanation based on self-determination theory", *Behaviour & Information Technology*, 2018.

Gao, W., Liu, Z., Li, J., "How does social presence influence SNS addiction? A belongingness theory perspective", *Computers in Human Behavior*, 2017.

Gao, W., Liu, Z., Li, J., *How does social presence influence SNS addiction? A belongingness theory perspective*, Computers in Human Behavior, 2017.

Ghobadi, Z., "How access gaps interact and shape digital divide: a cognitive investigation", *Behaviour & Information Technology*, 2015.

Gooch, D., Watts, L., "Social Presence and the void in distant relationships: How do people use communication technologies to turn absence into fondness of the heart, rather than drifting out of mind?", *Ai & Society*, 2014, 29 (4): 507 – 519.

Gooch, D., Watts, L., "Up close and personal: social presence in mediated personal relationships, Bcs Conference on Human-Computer Interaction", *British Computer Society*, 2011.

Granovetter Mark, "The Strength of Weak Ties", *The Strength of Weak Ties*, Vol. 78, No. 6, 1973.

Grimes, S., "Rural areas in the information society: diminishing distance or increasing learning capacity?", *Journal of Rural Studies*, 2000.

Gunawardena, C. N., *Social presence theory and implications for interaction and collaborative learning in computer conferences*, International journal of educational telecommunications, 1995.

Hamburger, Y. A., Ben-Artzi, E., "The relationship between extraversion and neuroticism and the different uses of the Internet", *Computers in Human Behavior*, 2000.

Han, S., Min, J., Lee, H., *Antecedents of social presence and gratification of social connection needs in sns: a study of twitter users and their mobile and non-mobile usage*, International Journal of Information Management, 2015.

Hanpeng Zhang, Yong Lu, Xiaoli Shi, Zongming Tang, Zhijian Zhao, "Mood and social presence on consumer purchase behaviour in C2C E-commerce in Chinese culture", *Electronic Markets*, 2012.

Hargittai, E., "Second-level digital divide: differences in people's online skills", *First Monday*, 2002.

Harwit, E., "WeChat: social and political development of China's dominant messaging app", *Chinese Journal of Communication*, 2016.

Hassanein, K., & Head, M., "Manipulating perceived social presence through the web interface and its impact on attitude towards online shopping", *International Journal of Human-Computer Studies*, 2007, 65 (8): 689 – 708.

Hills, P., Argyle, M., *Uses of the Internet and their relationships with individual differences in personality*, Computers in Human Behavior, 2003.

Hsien Chin, H. U., "The Chinese Concepts of 'Face'", *American Anthropologist*, 2009, 46 (1): 45 – 64.

Huang, G., Yang, H. L., "The strategic status of Hubei in the rising of Central China", *Finance & Economy*, 2006.

Huang, H., & Zhang, X., "The adoption and use of wechat among middle-aged residents in urban China", *Chinese Journal of Commu-nication*, 2016.

Ijsselsteijn, W. A., Ridder, H. D., "Presence: concept, determinants, and measurement", *Proceedings of SPIE-The International Society for Optical Engineering*, 2000, 3959: 520 – 529.

Iredale, R., *China's Labour Migration Since 1978*, *Contemporary Developments and Issues in China's Economic Transition*, Palgrave Macmillan, 2000.

Jonescorrea, M., *Different paths: gender, immigration and political participation*, International Migration Review, 1998.

Joseph, R., "Understanding the digital divide", *Prometheus*, 2001.

Kasarda, J. D., Janowitz, M., "Community Attachment in Mass Society", *American Sociological Review*, 1974.

Kauer, U., *Nation and gender: female identity in contemporary south african writing*, Current Writing Text & Reception in Southern Africa, 2003.

Kehrwald, B., "Towards More Productive Online Discussions: Social Presence and the Development of Interpersonal Relations", *Cases on Online Discussion and Interaction: Experiences and Outcomes*, 2010, 6: 159 – 174.

Kehrwald, "Social Presence and Online Communication: A Response to Mersham", *Journal of Open, Flexible, and Distance Learning*, 2010.

Kenny, C., "Expanding internet access to the rural poor in Africa", *Information Technology for Development*, 2000.

Kim, J., Song, H., Luo, W., *Broadening the understanding of social presence*, Elsevier Science Publishers B. V., 2016.

Kim, Yun & Yoon, "The Internet as a facilitator of cultural hybridization and interpersonal relationship management for Asian international students in South Korea", *Asian Journal of Communication*, 2009.

Ko, P., The role of the internet as communication tools in paren-child relationship at the later stages of the family life cycle, *Presented at 4th EASP International Conference, Hong Kong SAR*, October, 2008. Retrieved from, http://dx.doi.org/10.5353/th_ b4020346.

Kraut, Robert, Patterson, Michael, Lundmark, Vicki, et al., "Internet paradox: A social technology that reduces social involvement and psychological well-being?", *Am Psychol*, 1998.

Lai, C. H., Lin, C. Y., Chen, C. H., et al., "Can Internet Usage Positively or Negatively Affect Interpersonal Relationship?", *Advances in Intelligent Systems and Applications*, 2013, 20 (1): 373 – 382.

Lawler, E. J., Thye, S. R., "Bringing emotions into social exchange theory", *Annual Review of Sociology*, 1999, 25 (1): 217 – 244.

Lee & Lee, "The computer-mediated communication network: exploring the linkage between the online community and social capital", *new media & society*, 2010 (5): 711 – 727.

Lee, J. Y., Park, S., Na, E. Y., et al., "A comparative study on the relationship between social networking site use and social capital among Australian and Korean youth", *Journal of Youth Studies*, 2014, 19 (9): 1 – 20.

Lee, Y. C., Sun, Y. C., "Using instant messaging to enhance the interpersonal relationships of Taiwanese adolescents: evidence from quantile regression analysis", *Adolescence*, 2009, 44 (173): 199.

Li, Z., Luo, C., Zhang, J., "Research on the development and preliminary application of 12396 new rural sci-tech service hotline WeChat public platform", *International Conference on Network and Information Systems for Computers*, IEEE, 2016, 6: 453 – 456.

Lin, M., Zhu, Y. & Lv, M., "WeChat Public Platform Design and Application Study on Rural Left-Behind Children", *China Educational Technology*, 2017 (8): 113 – 117.

Lombard, M., Ditton, T., "At the Heart of It All: The Concept of Presence", *Journal of Computer-mediated Communication*, 2010, 3(2): 84-92.

Lowry, P. B., Roberts, T., Romano, N. C., et al., "The Impact of Group Size and Social Presence on Small-Group Communication: Does Computer-Mediated Communication Make a Difference?", *Social Science Electronic Publishing*, 2006, 37(6): 631-661.

Lu, B., Fan, W., Zhou, M., "Social presence, trust, and social commerce purchase intention: An empirical research", *Computers in Human Behavior*, 2016, 56: 225-237.

Ma, W. W. K., Yuen, A. H. K., "Understanding online knowledge sharing: An interpersonal relationship perspective", *Computers & Education*, 2011, 56(1): 210-219.

Marcus, D., Childress, Ray Braswell, "Using Massively Multiplayer Online Role cc laying Games for Online Learning", *Distance Education*, 2006, 27(2): 187-196.

Mariën, S., "Trends and gender differences in political participation and political trust. a comparative analysis", *Partirep Working Paper*, 2008, 275(5307): 1753-1753.

Martey, R. M., Stromergalley, J., Banks, J., et al., "The strategic female: gender-switching and player behavior in online games", *Information Communication & Society*, 2014, 17(3): 286-300.

Mccreery, M. P., Vallett, D. B., Clark, C., "Social interaction in a virtual environment: Examining socio-spatial interactivity and social presence using behavioral analytics", *Computers in Human Behavior*, 2015, 51 (PA): 203 – 206.

Mcmillan, S. J., Hwang, J. S., "Measures of perceived interactivity: An exploration of the role of direction of communication, user control, and time in shaping perceptions of interactivity", *Journal of Advertising*, 2002, 31 (3): 29 – 42.

Mehrabian, A., "Framework for a comprehensive description and measurement of emotional states", *Genet Soc Gen Psychol Monogr*, 1995, 121 (3): 339 – 361.

Millar, F., & Rogers, L. E., *Relationship dimensions of interpersonal dynamics*, In M. Roloff & G. Miller (Eds.) Explorations in interpersonal processes: New directions in communication research, Newbury Park, CA: Sage, 1987.

Miranda, S. M., Saunders, C. S., "The Social Construction of Meaning: An Alternative Perspective on Information Sharing", *Information Systems Research*, 2003, 14 (1): 87 – 106.

Money, J., *The Adam Principle: Genes, Genitals, Hormones, and Gender: Selected Readings in Sexology*, Prometheus Books, 1993.

Mustapha Cheikh-Ammar & Henri Barki, "The Influence of Social Presence, Social Exchange and Feedback Features on SNS Continuous Use", *Journal of Organizational & End User Computing*, 2016, 28 (2): 33 – 52.

Neves, B. B., "Social Capital and Internet Use: The Irrelevant, the Bad, and the Good", *Sociology Compass*, 2013, 7 (8): 599 – 611.

Nie, N., Erbring, L., "Internet and society: A preliminary report",

IT & Society, 2002, 1: 275 – 283.

Oliver, R. L., "Satisfaction: a behavioral perspective on the consumer", *Asia Pacific Journal of Management*, 1997, 2 (2): 285 – 286.

Oztok, M., Zingaro, D., Makos, A., et al., "Capitalizing on social presence: The relationship between social capital and social presence", *Internet & Higher Education*, 2015, 26: 19 – 24.

Palmer, M. T., "Interpersonal communication and virtual reality: Mediating interpersonal relationships", *Communication in the age of virtual reality*, 1995: 277 – 299.

Penguin Intelligence, 2017 WeChat User & Ecological Research Report, Retrieved from http://www.360doc.com/content/17/0519/22/451431_ 655407300.shtml. 2017.

Pratto, F., Stallworth, L. M., Sidanius, J., *The gender gap: differences in political attitudes and social dominance orientation*, British Journal of Social Psychology, 1997.

Preacher, K. J., Hayes, A. F., "Asymptotic and resampling strategies for assessing and comparing indirect effects in multiple mediator models", *Behavior research methods*, 2008, 40 (3): 879 – 891.

Putnam Robert, D., *Bowling Alone: The Collapse and Revival of American Community*, New York: Simon and Schuster, 2000.

Qian, X., Smyth, R., "Measuring regional inequality of education in China: widening coast-inland gap or widening rural-urban gap?", *Journal of International Development*, 2008, 20 (2): 132 – 144.

Riegelsberger, J., Sasse, M. A., Mccarthy, J. D., *Rich Media, Poor Judgement? A Study of Media Effects on Users' Trust in Ex-*

pertise, People and Computers XIX—The Bigger Picture, Springer London, 2006: 267–284.

Robinson, L., Behi, O., Corcoran, A., Cowley, V., Cullinane, J., Martin, I., Tomkinson, D., "Evaluation of Whatsapp for promoting social presence in a first year undergraduate radiography problem-based learning group", *Journal of Medical Imaging and Radiation Sciences*, 2015, 46 (3): 280–286.

Rogers, E. M., "Georg Simmel's Concept of the Stranger and Intercultural Communication Research", *Communication Theory*, 2010, 9 (1): 58–74.

Sakamoto, H., "Regional income disparity and population movement: case study of Jiangsu province in China", *Studies in Regional Science*, 2012, 42 (2): 473–491.

Sallnäs, E., "Supporting presence in collaborative environments by haptic force feedback", *ACM Transactions on Computer-Human Interaction (TOCHI)*, 2000, 7 (4): 461–476.

Short, J., Williams, E., & Christie, B., "The social psychology of telecommunications", *Contemporary Sociology*, 1976, 7 (1): 32.

Sigman, S., *Relationship and communication: A social communication and strongly consequential view*, In R. Conville & L. E. Rogers (Eds.), the meaning of "relationship" in interpersonal communication, Westport, CT: Praeger, 1998.

Stern, M. J., Adams, A. E., "Do rural residents really use the Internet to build social capital? An empirical investigation", *American Behavioral Scientist*, 2010, 53 (9): 1389–1422.

Stolle, *How to Manage Customer Service*, Harvard Business Review, 46 (November-December), 1968: 85 – 96.

Sun, L. Y., Pan, W., Chow, I. H. S., "The role of supervisor political skill in mentoring: Dual motivational perspectives", *Journal of Organizational Behavior*, 2014, 35 (2): 213 – 233.

Tang, J. H., Chen, M. C., Yang, C. Y., et al., "Personality traits, interpersonal relationships, online social support, and Facebook addiction", *Telematics & Informatics*, 2016, 33 (1): 102 – 108.

Ting, C., "The role of awareness in internet non-use", *Information Development*, 2016, 7 (3): 147 – 154.

Tsang, Y. H., "The quest for higher education by the chinese middle class: retrenching social mobility?", *Higher Education*, 2013, 66 (6): 653 – 668.

Tseng, F. C., Huang, H. C., Teng, C. I., "How Do Online Game Communities Retain Gamers? Social Presence and Social Capital Perspectives", *Journal of Computer-mediated Communication*, 2015, 20 (6): 601 – 614.

Tu, C. H., Yen, C. J., Blocher, J. M., et al., "A Study of the Predictive Relationship Between Online Social Presence and ONLE Interaction", *International Journal of Distance Education Technologies*, 2012.

Tu, C. H., McIsaac, M., "The Relationship of Social Presence and Interaction in Online Classes", *The American Journal of Distance Education*, 2002, 16 (3): 131 – 150.

Tung, F. W., & Deng, Y. S., "Increasing social presence of social actors in e-learning environments: Effects of dynamic and static emoticons on children", *Displays*, 2007, 28 (4 – 5): 174 – 180.

Van Dijk, J. A. G. M., "Digital divide research, achievements and shortcomings", *Poetics*, 2006, 34 (4): 221 – 235.

Vergeer, M., Pelzer, B., "Consequences of media and Internet use for offline and online network capital and well-being, A causal model approach", *Journal of Computer-Mediated Communication*, 2010, 15 (1): 189 – 210.

Walther, J. B., "Relational Aspects of Computer-Mediated Communication: Experimental Observations over Time", *Organization Science*, 1995, 6 (2): 186 – 203.

Wang, X., Piesse, J., Weaver, N., "Mind the gaps: a political economy of the multiple dimensions of china's rural-urban divide", *Asian-Pacific Economic Literature*, 2013, 27 (2): 52 – 67.

Wellman, Barry, Quan Haase, Anabel, Witte, James, et al., "Does the Internet increase, decrease, or supplement social capital? Social networks, participation, and community commitment", *American Behavioral Scientist*, 2001, 45 (3): 436 – 455.

Williams, B. N., "Perceptions of African American Male Junior Faculty on Promotion and Tenure: Implications for Community Building and Social Capital", *Teachers College Record*, 2006, 108 (2): 287 – 315.

Wu, Huang, Chen, "The Effects of The Use of Social Network Application on Interpersonal Relationship And Internet Addiction", *Multidisciplinary International Social Networks Conference*, ACM, 2017: 19.

Xie, C., Putrevu, J. S. H., Linder, C., Family, "Friends, and Cultural Connectedness: A Comparison Between WeChat and Facebook User Motivation, Experience and NPS Among Chinese People Living Overseas, International Conference on Cross-Cultural Design", *Springer, Cham*, 2017

Xie, W., "Social network site use, mobile personal talk and social capital among teenagers", *Elsevier Science Publishers, B. V.*, 2014.

Yoo, Y., Alavi, M., "Media and group cohesion: Relative influences on social presence, task participation, and group consensus", *MIS quarterly*, 2001: 371 – 390.

附 录

社会临场感对乡村居民人际交往的调研问卷

亲爱的朋友：

您好！我是上海交通大学的博士研究生，正在为研究搜集资料。

本次调研旨在通过了解乡村居民社交网络使用（如微信、QQ等）情况、乡村居民网络人际交往（交流）情况，以探究它们之间的关系。

在填写问卷时，请您注意下列事项：

（1）如果问题没有注明多选，都只需选择一项就行。请您按照自己的实际情况在相应位置打√。

（2）如果问题中选择"其他"作为答案，请在后面"_____"上具体写清楚。

（3）如果要求填写数字，请您准确填写。

本问卷采用匿名（不透露姓名）方式，所得数据仅做研究之用,请您放心填写。谢谢您的热情合作!

上海交通大学媒体与传播学院

2018 年 2 月 1 日

特别注明:社交网络是指如"微信、QQ、陌陌、论坛、抖音"等能与人交流的工具。

1. 社会临场感

	非常不同意	不同意	说不清	同意	非常同意
社交网络中有一种与人交流的感觉					
我感觉社交网络就像人一样,有一种真实感					
社交网络中有一种社会交往的感觉					
社交网络有一种人类的温暖感					
社交网络就像人一样,有一种知觉感					
我、社交网络和其他相关各方之间存在一种亲近感					
社交网络和其他相关各方会密切关注我					
我会密切关注社交网络和其他相关各方					
我能感知到社交网络和其他相关各方的存在					
我感觉在社交网络中有人在接近我					

2. 网络人际互动质量

	非常不同意	不同意	说不清	同意	非常同意
我能在社交网络中获取或发布信息					
我在社交网络中主动地参与交流、评论					
在社交网络中,我会与其他人分享信息					
在社交网络上,我进行了有效的沟通					
在社交网络上,我对人与人之间的交流更满意					
在社交网络上,人与人之间传播的信息更真实					
通过社交网络,人与人之间的交流更便捷,更深入					

3. 网络互动强度

	非常不同意	不同意	说不清	同意	非常同意
我通过社交网络与家人和亲戚的交流变强					
我与朋友通过社交网络的联系变多					
我与工作/学习上的伙伴（老师）通过社交网络交往的时间变多					
我与社交网络中的陌生人交流变多					
在社交网络上，我与不认识的人交流的时间变长					
我每天都会与社交网络中的好友（不认识的人）交谈					

4. 网络人际关系

	非常不同意	不同意	说不清	同意	非常同意
我会努力保持与社交网络中的好友间的关系					
我希望与社交网络中好友的关系能够维持很长的时间					
我觉得我与社交网络中的好友的关系非常强烈					
如果我与社交网络中好友的关系结束，我会感到失望					
我会努力与社交网络中的好友保持长期关系					
我会和社交网络中的好友谈我个人的心情					
我会和社交网络中的好友聊工作或学习上的事情					
我会和社交网络中的好友聊情感问题					
与社交网络中的好友聊天时，我有被关心的感觉					
与社交网络中的好友聊天时，我会有朋友陪伴的感觉					
我觉得社交网络中好友对我是诚实坦白的					
我觉得社交网络中好友的行为是稳定可靠的					
我觉得社交网络中好友不会占我的便宜，也会为我的面子和利益着想					
整体而言，我觉得我信任我社交网络中的好友					

续表

	非常不同意	不同意	说不清	同意	非常同意
与社交网络中好友需要保持小心谨慎，直到他们提供了可靠的证据					
如果你不小心，社交网络中的好友可以很容易操纵你					

5. 乡村居民的网络社会资本

	非常不同意	不同意	说不清	同意	非常同意
当我做重要决定时，社交网络中的好友能给我提供意见					
社交网络中有我信任的好友帮助我解决困难					
我非常熟悉社交网络中的好友并愿意让他们做任何重要的事情					
在我急需用钱的时候，我能求助于社交网络中的好友					
社交网络中的好友让我感觉自己处于更广阔的朋友圈中					
与社交网络中的好友互动让我觉得我是大家庭中的一员					
与社交网络中的好友互动让我能结交新朋友					

6. 乡村居民的现实社会资本

	非常不同意	不同意	说不清	同意	非常同意
我和村里的大部分人关系相处较好					
我能从亲属那里得到的帮助					
我能从村民那里得到的帮助					
我觉得我所在村里的人大部分可以信任					
我认为进入本村的外来人员信得过					
帮助过我的人向我求助时你也会帮助他					

7. 乡村居民的社交网络使用模式

	非常不同意	不同意	说不清	同意	非常同意
我不常在社交网络上讲述关于自己的事情					
我不常在社交网络上呈现自己的信念或意见					
当我在社交网络上表达感受时,我很清楚自己在做什么和在说什么					
在社交网络中与好友一起玩网络游戏					
在社交网络中观看搞笑视频					
通过社交网络收听感兴趣的音乐					
在社交网络中获取搞笑段子					
在社交网络中分享照片、视频、图片等					
上网搜索新闻事件或话题					
转发信息给好友,或分享到微信、QQ 等社交媒体群里					

8. 乡村居民的网络交往动机

	非常不同意	不同意	说不清	同意	非常同意
在社交网络中的发表个人见解					
让网友感受到自己的魅力					
在社交网络中的展示自我智慧					
与社交网络中的好友谈论情感性问题					
找社交网络中的好友聊天,寻求感情慰藉					
获得最新的农业/商业/社会资讯					
心情不好时向社交网络中的好友宣泄情绪					
得到更多的获利机会或资源					
得到更多的认同					

9. 乡村居民的网络人际交往投入

	非常不同意	不同意	说不清	同意	非常同意
我每天花费较多时间与社交网络中的好友聊天					

续表

	非常不同意	不同意	说不清	同意	非常同意
我每天在社交网络中与好友交往的时间多于工作/学习的时间					
我每天与社交网络中的好友交流的次数较多					

10. 愉悦度

	非常不同意	不同意	说不清	同意	非常同意
社交网络能让我心情高兴					
社交网络能让我开心					
社交网络让我感觉很好					
我在社交网络里玩得很开心					

11. 激活度

	非常不同意	不同意	说不清	同意	非常同意
社交网络让我感到刺激					
社交网络能让我兴奋					
社交网络能让我对一些事情有新的理解					
社交网络能让我头脑清醒					
社交网络让我让我生活、工作等充满动力					

12. 人格特质

	非常不符合	不太符合	不确定	比较符合	非常符合
我是孤独的					
我是内向的					
我是害羞的					
我是安静的					
我是健谈的					
我是精力旺盛的					

续表

	非常不符合	不太符合	不确定	比较符合	非常符合
我是喜欢社交的					
我是大胆的					

13. 您的性别（   ）

    A．男　　　　　　　　　　B．女

14. 您的年龄（   ）

    A．18 岁以下

    B．18—24 岁　　　　　　　C．25—30 岁

    D．31—35 岁　　　　　　　E．36—40 岁

    F．40 岁以上

15. 您的民族（   ）

    A．汉族　　　　　　　　　B．少数民族

16. 您的文化程度（   ）

    A．小学及以下　　　　　　B．初中

    C．高中或中专　　　　　　D．大专及以上

17. 您的婚姻状况（   ）

    A．已婚　　　　　　　　　B．未婚

18. 您常使用的社交媒体有（   ）此题可选多个

    A．微信　　　　　　　　　B．QQ（包括 QQ 空间）

    C．微博　　　　　　　　　D．陌陌

    E．贴吧（如百度贴吧等）　F．论坛（如天涯论坛等）

    G．其他_____

19. 您平均每天使用微信、QQ 等社交媒体的时间（   ）

    A．小于 30 分钟　　　　　　B．30—60 分钟以内

C. 60—90 分钟以内　　　　　　　D. 90—120 分钟以内

E. 大于 120 分钟

20. 请填写您所在的城市和农村：

_____省_____市_____村

非常感谢您的参与！祝您新年快乐！吉祥如意！

社会临场感对乡村居民人际交往的焦点小组访谈提纲

首先就本次访谈的目的给受访者进行讲解，且告知访谈内容仅作学术研究之作，不会涉及任何商业利益，同时为了保护受访者隐私，对受访者的身份信息采用虚化处理。其次，给受访者解释相关概念，如社会临场感、社交网络、人际交往等，让他们进一步明白，便于开展之后的讨论。最后，研究者作为主持人，访谈中仅抛相关出问题给受访者回答和讨论，整个焦点小组访谈过程主持人都不能对受访者的回答进行有意向的引导。

访谈提纲如下：

1. 相信大家都已经使用社交网络一段时间了，最普遍的自然就是微信，那么这些社交网络对于您而言，意味着什么？

2. 在使用社交网络的过程中，您最深的感受/体会是什么？会有社会临场感的感觉吗？

3. 请您谈一谈使用社交网络与您的家人交往的情况和感受。

4. 通过社交网络与家人交往，是否比面对面交往更加让您轻松自在？在社交网络中与父母交往的情况和感受是什么？

5. 您有在社交网络中表达过对父母的情感吗？怎么表达的？

6. 您使用社交网络与您的爱人、恋人交往的情况如何？有什么感受？

7. 请问社交网络给您与朋友间的交往带来了什么影响？

8. 您是否会使用社交网络与村里的其他人（如邻居等）进行交往？

9. 您所在村是否有建立村（乡）群？在这类群里，村民之间的交往情况是怎样的？

10. 对于老乡社交网络群，您觉得有什么好处？它能给您带来什么？

11. 您觉得社交网络给您带来的社会临场这种感觉，对于您在熟悉的关系和陌生关系的处理上有什么影响或者不同？

12. 您是否会通过社交网络参与到一些公共事件中？是什么影响您的参与？

13. 您是否经历过村里发生的事情是您通过社交网络了解和知晓的？您会参与吗？为什么？

14. 总体来说，您觉得社交网络的什么方面或者何种感受，会对您的人际交往产生影响？

15. 整体上，您认为社交网络在村里的普及使用，给乡村带来的最大影响是什么？

焦点小组访谈对象的基本信息

	姓名	性别	年龄	文化程度	社交网络使用时长	离乡情况	离乡状态
云南省	J1	男	17	高中在读	60—90 分钟	否	
	H2	男	22	大专在读	120 分钟以上	是	学习
	M3	男	21	大学在读	120 分钟以上	是	学习
	M4	女	46	小学	90—120 分钟	否	
	J5	男	18	中专在读	120 分钟以上	是	学习
	S6	女	27	中专	90—120 分钟	否	
	P7	女	41	小学	60—90 分钟	否	
	M8	女	20	大学在读	90—120 分钟	是	学习
	M9	女	38	小学	60—90 分钟	否	
	Y10	女	13	初中在读	90—120 分钟	否	
	J11	男	45	小学	120 分钟以上	否	
	L12	男	27	高中	90—120 分钟	否	
甘肃省	Z13	男	29	大学	120 分钟以上	是	工作
	Z14	男	25	高中	90—120 分钟	否	
	H15	女	18	大学在读	120 分钟以上	是	学习
	G16	女	22	大专	120 分钟以上	否	
	Y17	男	20	初中	90—120 分钟	否	
	L18	女	22	高中	90—120 分钟	否	
	T19	男	43	小学	60—90 分钟	是	工作
	Z20	男	17	高中在读	90 分钟以上	否	
湖南省	L21	男	26	大学	120 分钟以上	是	工作
	X22	男	21	大专在读	120 分钟以上	是	学习
	Y23	女	19	初中	60—90 分钟	否	
	Z24	男	22	小学	120 分钟以上	否	
	S25	女	23	初中	120 分钟以上	否	
	L26	女	31	初中	90—120 分钟	是	工作

续表

	姓名	性别	年龄	文化程度	社交网络使用时长	离乡情况	离乡状态
湖南省	Y27	男	20	初中	120分钟以上	否	
	X28	男	19	大专在读	120分钟以上	是	学习
	L29	女	44	小学	30—60分钟	是	工作
江西省	Y30	女	17	高中在读	60—90分钟	否	
	Z31	女	22	初中	90—120分钟	否	
	G32	男	18	大专在读	120分钟以上	是	学习
	Z33	男	27	初中	90—120分钟	否	
	L34	男	25	大学在读	120分钟	是	学习
	Y35	女	19	高中	60—90分钟	否	
	L36	男	22	大学在读	120分钟以上	是	学习
山东省	H37	男	25	高中	120分钟以上	否	
	B38	女	21	初中	90—120分钟	否	
	F39	男	36	初中	90—120分钟	否	
	H40	女	27	大学	120分钟以上	是	工作
	J41	女	24	大专	120分钟以上	是	工作
	G42	男	20	初中	120分钟以上	否	
	T43	男	19	大专在读	120分钟以上	是	学习
	B44	男	44	小学	30—60分钟	否	
	H45	女	34	大学	120分钟以上	是	工作
	X46	女	29	中专	90—120分钟	否	
江苏省	C47	女	23	大专在读	120分钟以上	是	学习
	M48	男	27	大学	120分钟以上	是	工作
	L49	女	31	高中	60—90分钟	否	
	S50	男	18	高中	120分钟以上	否	
	L51	男	19	小学	60—90分钟	否	

后　　记

　　时光如梭，转眼间已到了毕业的时节，一个人早早回到学校，独自坐在宿舍里，开着喜欢的歌，回顾这些年来的林林总总。

　　30年了，我总算要结束一个身份，开始另一个新的身份了。还记得，以前每次回到家，遇到小学—初中—高中的同学，他们都会特别诧异地看着我，用一种无法理解的声音对我说："阿江啊，咋还在读书啊？还没毕业啊？你这都读老了哟，差不多得了。"是啊，他们结婚时，我在读书，他们孩子打酱油时，我还在读书，总算，他们孩子上学时，我也要毕业了。

　　我出生在云南一个偏远的小乡村里，因为整个村庄都以交通运输业为主，所以以前我们村不太重视教育，学校的教育质量很差，大家都不重视。这也使得我们村唯一的一所小学成了村里孩子混一混的地方，然后毕业，甚至小学没毕业，就开始忙家里的事业。小学时，我很乖，没有和同龄男孩子一样调皮打闹，嚣张跋扈，我每天都按时上课，我是老师眼中的乖孩子。但因为整个村的教育环境影响，我的小学也成了混一混。对于学习，压根没有一点点的意识，一放学，学习就压根不存在了，存在的是田地里捉捉鱼、朋友家玩耍一下、养养鸽子、喂喂兔子、玩玩跳跳。这一晃,小学毕业了。或许也正是小学的毕业,让我开始了启蒙。

我们的小学,总共只有2个班(甲班和乙班)。而小学升初中考试时,所有学生却全部遭遇滑铁卢,没有一个考上,考试成绩更是惨不忍睹,语文还算好,多少都有能及格的,而数学成绩,2个班没有一个学生及格,最高的也才40多分。而我,17分,没错,20分都还差3分,不堪入目。印象最深的是,考试成绩公布的那天,我和在县城里读书的表姐一起待在我家里吃饭,电话响起,我抬着母亲做好的一碗米饭,兴高采烈地提起,那个时候接听电话感觉是件很酷的事情,接起电话,是姑妈(表姐的妈妈)打来的,姑妈说考试成绩出来了,然后停顿了一下,说表姐语文考了93分,数学考了99分,考得挺好的。然后,是再次的停顿与沉默,我心里一紧,姑妈接着说,你语文考得不错,73分,但数学只有17分,总分是90分(满分200分)。也就是说,我2科的总成绩加起来,还没有表姐单一科成绩高。当时,虽然小学期间对于学习没有一点概念,但听到成绩的时刻,我还是难过地抬着吃了几口的饭,哇哇哇地哭的很伤心。好像的确是很伤心,也好像是想为了博取同情,希望不被父母打,而采取的一种反应机制吧。但不管怎么说,那次是小学6年以来,第一次为了成绩,哭得痛彻心扉,伤得遍体鳞伤。

看着家里的环境,是土基建成的房子,加上爸妈脸上难过的神情,我开始担忧。担忧着我的未来,忧心着我到底能干啥。个别富裕家的孩子或许可以接管家里的车,辛苦点也能过上富裕的生活,而不富裕,但身强力壮的孩子可以接管家里的土地、田

后 记

地，播种劳作，一生不愁吃穿，总不会饿肚子，也还能帮衬家里。而我，瘦弱，根本干不了什么劳计活，家里经济也困难，没有事业可以给我继承。但幸运的是，我有一群有远见的亲戚，也有明事理的父母，在他们几番商量之后，决定还是让我去读一读初中，让我再学点知识，因为他们苦怕了，知道做农民的艰辛与不易，每天面朝黄土背朝天的劳作，一年到头来也存不了多少积蓄，而这个社会变化太大了，谁知道以后的社会会是什么样子，再加上即使现在让我出来社会，我啥也干不了，以后的社会，没学历还是不行。

因为我考试成绩的确太差了，如果要继续上学，就必须每年要多交一部分的"赞助费"。报名那天，父母在挤满全是人的办公室里交钱，我躲在外面不敢进去，后来一个老师把我喊了进去，说要让我看看父母多么不容易，当我低着头进去后，我看到父母手上拿着很多1块，5毛的钱，低着头一张一张在数，我特别心酸，眼泪止不住地流，手握出了青筋，发誓我一定要好好学习。

总算，我上初中了，起初初一时，我基础太差，上课完全听不懂，但在老师和同学的帮助下，我数学成绩从20多分，到可以考40多分，50分。但我却很害怕回家，怕父母失望，想到父母拿着一张张零碎、皱巴巴的钱低着头在数的画面，我都特别恨我自己不争气。不过是我爸妈给了我信心和勇气，一次我拿着期末考的试卷回到家，我一进家，就把试卷塞进了闲杂房的土洞里藏起来，母亲见我慌慌张张从闲杂房里出来，便问我成绩如何，我没敢说，后来他们也没再追问，可是当我经过他们房门前时，听到母亲用很高兴的语气给父亲说，我考了40多分，有很大的进步，他们虽然说的很小声，但我还是听得清清楚楚，也能从他们的语气中感受到他们挺满意，因为相比 17 分，40 分或 50 多分已经有很大的进步了。渐渐地，我成绩越来越好，数学也能考到 90 多分。不过不幸的是，初中考高中的时候，我发挥失常了，以 1 分之差，落榜了高中。

1 分，多可惜啊。为何不再多考 1 分。父母说，原本就是打算让你读完初中就可以了，现在你考了高中差 1 分，很难办，不让你读吧，又觉得可惜，让你读吧，哎……可是父母纠结了之后，又开始到处借钱，把我送进了我们县的一所普通高中，在高中阶段，我遇到了许多特别好的同学，还有特别优秀、和蔼可亲的老师们，也是在高中阶段，我越来越成熟，考虑问题也越来越细致，本性不坏，所以一心用在学习上，在自己的努力下，成绩基本稳定在整个年级的前 10 名，至于数学，更是成了我的强项学科，还记得一次学校举办了全校的数学竞赛，文理科学生都考相同的试卷，我竟 pk 掉了很多优秀的理科生，拿到了第三名的名次，是整个文科所有班唯一的一个，也因此有了"文科数学小王子"的称号。转眼，高中三年结束了，因为这么多年来，我在学习的路上走得特别不顺畅，也走得特别的艰难，我自然也担心高考再次失利，那我该怎么办。父母也为了不让我有压力，高考那几天，他们并没有对我嘘寒问暖，怕我有心理负担，家里一切照常，该干嘛干嘛，他们能做的也只有不打扰我，不给我压力，因为他们也帮不了我，我爸妈都只读到小学三年级就辍学了。他们总告诉我，尽力就好，别紧张，实在不行，咱再复读一年，放轻松就好。

查成绩那天，我紧张的一夜没睡着，一直不敢去网吧里查，爸妈虽然表面平静，但他们更紧张，尤其我爸，成绩还没出来，他就花了家里的积蓄，买了一条牛养着，牛被养得胖胖的，就等着我考上的时候，父亲把牛宰杀了，给我庆祝。总算功夫不负有心人，我考上了。

从上大学开始，父母就让我自己做了许多决定，因为他们觉得我现在已经长大了，而且很多东西都已经超出了他们能理解的范围，他们常说：未来是你自己的，人生也是你自己的，你该如何选择，你自己决定就好。虽然这样，但在我决定做一些事情的时候，还是会和他们商量，告知他们，他们总会笑笑，说你自己拿主意，我们都支持。所以，一路走来，我从中文专业换到新闻传播学专业，从读完本科，选择放弃工作而考研究生，研究生结束后，又放弃了高薪的工作，选择读博。我都做出了正确的决定，且都成功了。

一路走来，太多心酸，30年的学习拼搏史，在这里，要特别感谢我的父母，没有他们当年义无返顾的支持，或许我现在应该是在云南某个偏远的村庄里干着农活，谢谢他们给了我新的希望，给了我新的人生，也给了我未来无穷的可能。当然也要感谢我的一家子亲戚，他们给了我很大的帮助，在我家穷困的时候，帮我家里走出了贫穷，有了如今的事业，帮助我解决了以前很多很多的读书问题，给了我莫大的关心、照顾与鼓励。

感谢我小学—中学—高中求学路上所遇到的各位同学、老师，是你们给了我进步的空间，给了我成长的可能，也是你们让我一步步不断地攀登，才有了成功的时刻。

感谢本科遇到的室友（全文成、鸦明川、李旭峰），虽然我们现在联系不多，但感谢你们。美好的四年里，有幸和你们成为室友，一起度过了青春里重要的年岁。感谢本科时的挚友马坤、赵亚全、张瑜，我们一起陪伴，相聚言欢，成就了美好的友情岁月。

感谢研究生时遇到的同学们，你们每个都很善良，也感谢你们的努力，让我的研究生涯充满了动力。感谢我的室友龙强、欧健，我们不仅是室友、也是朋友，如今更是学术伙伴，龙强目前任职于湖南大学新闻传播与影视艺术学院，而欧健就读于武汉大学新闻传播学博士研究生，希望未来在学术的道路上，我们能一块前行。

感谢研究生时的导师梁广寒老师，她对我硕士学位论文的指导，让我对研究有了新的认识和进步；感谢钟智锦老师，教会了我量化的方法，让我在学术研究中更游刃有余；感谢聂静虹老师，时常和我聊学术，激励我进步，给我指导与信心。

感谢博士期间遇到的每一个同学，读博本是寂寞的，正是你们的存在，让我的博士生涯不枯燥，更多的是欢声笑语。感谢邹霞、朱佳妮、李盈盈、谈佳洁作为女士不嫌弃我，经常带我玩耍，混在你们女士小圈子里，超幸福哦。也感谢邹霞、朱佳妮经常一起相约图书馆学习，正是你们的陪伴，才能在博士期间显得生活多彩，我们一起唱歌、玩耍、学习、讨论研究等，都是美好的回忆。感谢我的室友，也是我的博士同学，余来辉。我亲切地称呼他为"胖子"，感谢博士期间有你，能陪我一起进进出出，一起出去"浪"大上海，一起讨论问题到半夜，每天一起吃饭，一起做研究，写论文，因为有你，我的博士生活很丰富，也很开心。感谢白如金，给了我很多鼓励，帮助了我许多。感谢 David Shan，博士期间能遇到你很开心，时长与你打趣，也给我许多帮助和照顾。

后 记

感谢我的贤弟李拓，他让我见识到了更大的生活能量，也让我对学术不断充满激情，他做事很踏实和认真，对待生活也很热情，感谢有你，让我的学习充满动力，生活丰富多彩。

感谢我的博士生导师张国良老师。他曾对我说过，我们"教学相长"，这种态度和胸襟，让我为之难忘与颇受鼓舞。博士四年期间，他宽厚儒雅的性格，让我博士期间没有一点压力，让我能在自己感兴趣的研究领域不断探索，鼓励我不断地前进和尝试，也鼓励我的想法和作品，总是在我"走迷路"的时候，给了我"拨乱反正"的指导，让我能够顺畅地学习和研究。他对学术的认真和修养，给了我极大的触动，也让我对待学术研究有了新的和更高的认识。感谢我的导师对我学习和研究上的帮助，不管我的小论文，还是博士学位论文，他都用心指导，在这一过程中让我逐渐成长。也感谢他在生活上对我给予的关心与帮助。感谢他在工作上，对我的付出与帮助。感谢我的同门师兄妹，能与优秀的你们成为同门弟子，我感到很幸福，也激励我不断地努力，向你们一样优秀。

感谢博士期间给予我莫大帮助的葛岩老师、姚君喜老师、童清艳老师、王茜老师、萧冰老师、李春梅老师等，谢谢您们对我学习和生活上的帮助。感谢山东大学的冯强老师，从研究生一直到博士期间，对我的支持和鼓励以及帮助。

感谢重庆大学的董天策院长及学院学术委员会的专家接纳我，让我能进入重庆大学新闻学院，成为一名正式的老师和研究者。

感谢从开题到中期再到预答辩，以及正式答辩的各位专家组成员，谢谢您们在此论文的完成过程中给予的优秀意见和极大帮助。

最后，感谢我自己，这么多年，没有自我放弃，一路狂奔，依然对生活充满热情，对未来充满期待。

马上，我将正式结束30年来学生的身份，成为一名高校的老师，我将在未来的生活和工作中，继续不断拼搏，努力生活，努力工作，做到：对得起自己，对得起家人、对得起朋友和老师，对得起学生，对得起社会和国家。